영조, 임금이 되기까지

일러두기

1 책 제목은 《 》, 글 제목 · 기사 등은 〈 〉로 표시하였다.
2 한자 병기는 우리말과 독음이 일치하는 것은 첨자로, 일치하지 않는 것은 [ ]로 표기하였다.
3 도판의 유물 설명에는 크기, 재질 등은 생략하고 관련 해설과 소장처만 표기하였다.

---

*이 도서의 국립중앙도서관 출판예정도서목록(CIP)은 서지정보유통지원시스템 홈페이지(http://seoji.nl.go.kr)와
국가자료공동목록시스템(http://www.nl.go.kr/kolisnet)에서 이용하실 수 있습니다.
(CIP제어번호: CIP2017006318)

영조,

임금이 되기까지

격랑을 견딘 왕자, 탕평군주가 되다

홍순민 지음

눌와

【 차례 】

| 1부 | 연잉군 시절

| 2부 | 왕세제 시절

영조 임금의
밑거름이 된
연잉군과 왕세제 시절

영조는 우리나라 역사에서 두드러진 임금이다. 우선 향년이 83세에 재위 기간만 해도 52년이나 되는 점이 그렇다. 단순히 오래 살고 오래 재위했다는 데 그치지 않고 탕평정치라는 새로운 방식의 정국 운영 체제하에서 많은 개혁 정책을 추진하였다. 또한 조선 후기 문예 부흥을 이루었다고 평가받고 있다는 점도 주목할 가치가 있다.

그렇지만 영조 임금의 왕권이 늘 안정적인 것만은 아니었다. 그를 부정하며 도전하는 정치 집단이 반란을 일으키기도 하였다. 이에 맞서서 영조 임금은 자신의 왕권을 지키는 데는 철저하였다. 왕권에 위해가 된다고 여겨지거나, 자신의 의지와 다른 방향으로 가려는 자는 누구든지 제거하였다.

영조 임금은 지나칠 정도로 오호가 분명하였다. 한번 마음에 든

사람은 무슨 일이 있어도 끝까지 감싸 안았던 반면, 눈 밖에 나면 가혹하다 싶을 정도로 미워하고 핍박하였다. 자녀들에게까지도 그러하였다. 그 극단의 결과가 이른바 임오화변壬午禍變, 자신의 아들이자 후계자인 사도세자를 뒤주에 가두어 죽인 사건이다. 어떻게 그럴 수 있었을까? 그러한 태도는 어디에서 비롯되었을까? 개인의 성품일까? 아니면 비정한 권력의 속성일까? 어느 하나라고 단정하기는 어렵겠다. 영조 임금은 끝내 성품의 한계를 극복하지 못하였다고 할 수 밖에 없다. 또 한편 그런 지경으로 몰고 간 상황의 영향도 무시하지 못할 것이다. 그러한 개인적 성품과 상황에 대한 대처 방식은 영조 임금으로 재위하던 시기에 만들어졌다기보다는 그가 임금이 되기 전, 그 시기에 형성되었다고 보아야 하지 않을까?

사람은 어머니의 태중에서부터 죽을 때까지 계속 형성되어간다. 생물학적인 면에서만 그런 것이 아니다. 그 사람의 행적 또한 그 본격적인 활동 기간 이전부터 준비되어 이후까지 이어진다고 할 수 있다. 이런 관점에서 볼 때 영조라는 인물을 알려면 그가 임금으로 재위하여 활동한 기간만 볼 것이 아니라 그 출자와 성장 과정을 보는 것이 필요하다. 그의 82년 생애 중 30년을 차지하는 이 기간을 들여다보지 않으면 영조라는 인물을 다 알았다고 할 수 없다.

영조가 임금이 되기 전 시기인 연잉군과 왕세제로서의 삶을 살펴봄으로써 영조 임금에 대해 깊이 이해하는 것이 이 책의 목표이다. 부디 영조 임금과 그 시대를 이해하는 데 작은 디딤돌이 되었으면 좋겠다.

| 1부 |

연잉군 시절

1.

출자 出自

대덕

전傳에 이르기를 '대덕大德은 반드시 자신의 수명을 얻고 자신의 지위를 얻으며 자신의 복록福祿을 얻는다' 하였는데 왕께서 거의 그러하시다.[1]

위 인용문 속 '대덕大德은 반드시 자신의 수명을 얻고 자신의 지위를 얻으며 자신의 복록福祿을 얻는다'는 말은 《중용中庸》 제17장에 나오는 순舜 임금을 칭송하는 글이다.[2] '대덕'이란 어떤 사람인가? 그 전에 '덕德'이란 무엇인가? 우리는 '덕'이라는 말을 흔히 쓰지만, 그 뜻은 그리 쉽게 다가오지 않는다. 사전에서는 '도덕적·윤리적 이상을 실현해나가는 인격적 능력, 공정하고 남을 넓게 이해하고 받아들이는 마음이나 행동'이라고 그 뜻을 풀어놓았다. 하지만 이 사전적 정의만 보아서는 덕의 실체가 머릿속에 명료하게 들어오지 않는다. 《논어論語》,《맹자孟子》를 비롯하여 유교 경전에 덕이라는 글자가 적지 않게 나오지만, 역시 '덕이 무엇이다'라고 개념을 명쾌하게 규정한 문장은 찾기 어렵다.

덕은 이理·기氣·도道·인仁·의義 등 유학에서 이야기하는 주요 개념들과 연결되어 있다. 다소 범범하게 풀어보자면, 천지·우주·자연의 이치를 깨닫고 그것에 순응하는 지혜, 그것으로 인격을 수양하여 완벽한 경지에 이른 상태, 그 인격으로 사람들을 감화시키는 힘, 세상의 정의를 바로잡고 다른 사람들에게 시혜를 베푸는 도량 등으로 말할 수 있겠다. 그 덕을 이룬 사람이 군자君子다. 그 가운데 큰 덕을 갖춘 사람이 '대덕'이요, 그 정점에 도달한 이가 성인聖人이다.

맨 앞에서 언급한 인용문은 영조英祖, 1694~1776 임금의 〈행장行狀〉 마지막 부분에 있는 문장이다. 여기에서 말하는 '왕'은 당연히 영조 임금을 가리킨다. 옛날에는 어느 사람이 돌아간 뒤에 이러저러한 글을 지어 그를 기렸다. 특히 임금은 지문誌文을 지어 지석誌石에 새겨 능 앞에 묻었고 시호諡號를 올리면서 시책문諡冊文과 애도하는 글인 애책문哀冊文을 지어 올렸다. 그리고 왕실 가족 가운데 그 임금을 잘 아는 이가 그의 평소 언행을 기록한 행록行錄을 지었고 이러한 글들을 모아 일대기를 정리한 행장을 지었다.

앞의 인용문은 〈행장〉의 내용을 마무리하며 영조 임금의 일생을 한 문장으로 압축한 것이라고 할 수 있다. 한 사람의 일생을 한 문

영조 어진 | 임금의 초상화를 어진이라고 한다. 어진은 대개 용상에 앉아 있는 전신상으로 임금의 권위를 표현하려는 의도를 드러낸다.
그런데 영조 어진은 상반신만 그렸다. 얼굴이 갸름하고 눈매가 날카롭게 치켜 올라가 있어 단호하면서도 차가운 인상을 풍긴다. 국립고궁박물관 소장

장으로 정리할 수 있을까? 그러기는 쉽지 않을 것이다. 대부분 칭송으로 기울기 마련이다. 위 문장은 영조 임금을 칭송하면서 순 임금처럼 수명과 지위, 많은 복록을 누렸음을 기린 것이다. 과연 영조 임금이 정말 그랬을까?

영조 임금은 조선 왕조 임금들 가운데 가장 오래 살았다. 평균 수명이 50세가 채 못 되던 그 시절에 향년 83세를 누렸다. 웬만한 사

람보다 거의 두 배를 산 셈이다. 따라서 재위 기간도 52년으로 가장 길었다. 그러니 '수명을 얻었다'는 말에는 이견의 여지가 없다.

영조 임금은 전前 임금의 적장자嫡長子, 곧 왕비 소생의 맏아들로 태어나지 않았다. 당연히 왕위를 이어받을 위치를 차지하고 있지 않았다는 뜻이다. 영조 임금의 생모인 숙빈淑嬪 최씨崔氏, 1670~1718는 그 신분이 흔히 '무수리'라고 알려져 있다. 실제로 무수리였는지는 이후 따져보아야 할 주제지만, 왕비가 아니라는 사실만은 분명하고 그러니 영조 임금이 마땅히 왕위를 이어받을 위치에 있지 않았다는 점 또한 자명하다. 그렇게 우여곡절을 겪었는데도 불구하고 결국 임금이 되었으니 '지위를 얻었다'고 할 수 있겠다.

엄밀히 따지면 임금은 관원이 아니다. 품계品階가 없고 맡아 해야 할 임무가 따로 규정되어 있지 않았다. 따라서 녹봉祿俸을 받지 않았다. 하지만 임금에 대한 경제적 지원은 국가적 차원에서 이루어졌다. 관념상으로는 온 국토가 임금의 것이요, 그 땅에서 나는 것들이 모두 임금의 것이다. 온 나라가 임금의 것이니 '복록을 얻었다'는 말이 그리 잘못되지 않았다고 할 수 있다.

그렇다면 영조 임금이 과연 '대덕'이었을까? 다시 말해 성인에 버금가는 반열에 올랐다고 할 수 있을까? 보기에 따라 평가가 달라진다는 점을 고려한다고 해도 그렇게 말하는 것은 지나치다. 영조 임금은 어머니에 대해 집착에 가까운 애정과 자격지심이라고 할 만한 감정을 과하게 갖고 있었다. 성격이 날카로워 사람을 좋아하고 싫어하는 것에 있어 지나치게 편차가 컸다. 그러한 탓에 아들이자 후계자였던 사도세자思悼世子, 1735~1762를 죽게 하였다. 이러한 면모가 과연 대덕의 풍모와 일치하는가? 그럴 수는 없다.

자연인으로서 영조 임금에 대해 여러 각도에서 이해할 수 있고, 보는 관점에 따라 서로 다른 평가를 내릴 수도 있다. 그렇다면 공인으로서 영조 임금은 어떠했는가? 영조 임금은 국가의 정치와 사회를 안정시켰고 주목할 만한 조치를 여럿 취하여 많은 치적을 쌓았으며 조선의 문예 부흥기를 이루었던 것으로 평가된다. 반면 자신에게 권력을 지나치게 집중시켜 측근들을 이용해 울타리를 쳤고, 그 결과 정치와 사회를 보수적으로 만들었다는 평가를 받기도 한다. 이렇듯 임금으로서 영조 임금에 대한 평가는 여러 각도에서 따져보아야 할 과제이다.

영조 임금에 대해 평가하기 위해서는 왕으로서의 치적을 내세우기에 앞서 그가 임금이 되기 전의 어린 시절과 왕위에 오르게 되는 과정을 살펴보아야 한다. 영조 임금은 당대의 기준으로 보면 즉위하는 과정이 정상적이지 못하였다. 생모의 신분이 비천하였고 즉위 과정에서 정치적 상황의 굴곡이 매우 심하였다. 그러한 영조 임금의 임금이 되기 전의 삶을 살펴보면서 영조 임금에 대해 깊이 이해하여보자.

〈총서〉와 〈행장〉

다음은 《영조실록英祖實錄》 〈총서總序〉 전문이다. 〈총서〉는 《영조실록》을 편찬하면서 그 첫머리에 영조 임금의 약력을 최대한 압축하여 소개한 자료이다.[3]

> 대왕의 휘諱는 금昑이고 자字는 광숙光叔이다.
>
> 숙종肅宗 원효대왕元孝大王의 아들이고
>
> 경종景宗 선효대왕宣孝大王의 아우이다.
>
> 어머니는 육상궁毓祥宮 숙빈 최씨이다.
>
> 숙종대왕 20년 갑술년 9월 13일 무인에 창덕궁昌德宮 보경당寶慶堂에서 탄생하였다.
>
> 기묘년에 연잉군延礽君[4]에 봉封함을 받았다.
>
> 경종대왕 원년元年 신축년에 왕세제王世弟로 책봉冊封되었다.
>
> 갑진년에 즉위하여 병신년에 승하昇遐했다.
>
> 왕위에 있은 지 52년이고 수명은 83세였다.

호칭, 부계父系, 생모, 탄생, 봉군封君, 왕세제 책봉, 즉위, 승하, 재위, 수명 등 영조 임금이 어떠한 사람인가에 대한 기본적인 정보는 전해주지만 너무 소략하고 건조하다. 그리고 정보가 정확한지 여부도 검토해볼 필요가 있다.

위 총서보다 상세하게 일생을 정리하여 알려주는 자료가 〈행장〉

이다. 영조 임금이 승하한 직후 정조 임금의 명을 받아 당시 대제학 서명응徐命膺, 1716~1787이 지은 영조 임금의 〈행장〉은 전체를 보면 매우 길고 장황하기까지 하다. 그 가운데 우선 출합出閤, 즉 왕자가 자란 뒤 사가私家를 마련하여 궁궐에서 나오기까지의 내용은 그리 길지 않다.[5]

삼가 살펴보니 왕王의 성姓은 이李이고 휘諱는 금昑이며 자字는 광숙光叔이다. 현종대왕의 손자이고 숙종대왕의 둘째 아드님이시다. 화경숙빈和敬淑嬪 최씨가 갑술甲戌년1694, 숙종 20 9월 13일 무인戊寅에 창덕궁에서 왕을 낳았다. 낳기 사흘 전에 붉은 빛이 동방에 걸치고 흰 기운이 그 위에 끼었다. 이날 밤에 궁인宮人이 흰 용이 보경당에 날아드는 꿈을 꾸었다. 보경당은 곧 왕이 태어난 방이 있는 건물이다. 왕은 태어나면서부터 특이한 기질이 있었다. 오른쪽 팔뚝에 용이 서리서리 서려 있는 무늬가 아홉이 있었다. 겨우 걸음마를 할 때 숙종 임금께 나아가 뵐 때마다 반드시 무릎을 모으고 단정히 앉았다. 숙종 임금이 물러가라고 명하지 않으면 해가 져도 힘들어 하는 기색을 보이지 않았다. 숙빈이 왕이 오래 꿇어앉아 있으면 경련이 일어날까 염려하여 넓은 버선을 만들어서 그 힘줄과 뼈를 풀어주게 할 정도였다. 글씨나 그림 같은 것들을 모두 배우지 않고도 쓰고 그릴 수 있었다. 붓을 갖고 무엇을 쓰고 그릴 때마다 신비로운 빛이 나서 사람들이 눈을 끌었다. 숙종 임금이 그 하늘이 만들어주신 천성을 가상히 여겨 시를 지어서 총애를 표현하였다.

6세에 연잉군으로 봉함을 받았다. 9세에 군수郡守 서종제徐宗悌의 딸을 맞

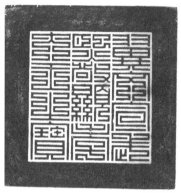

영조 금보 │ 금보는 임금의 호칭 전체를 새겨서 승하한 뒤 종묘 태실太室에 안치하는 의장물이다. 1776년(정조 즉위)에 영조 임금에게 시호를 올리면서 만들었다. '익문선무 희경현효 대왕지보 翼文宣武 熙敬顯孝 大王之寶'라는 글자가 새겨져 있다. 국립고궁박물관 소장

아 달성군부인達城郡夫人으로 삼았다. 19세에 궁궐에서 사가로 출합하셨다. 숙종 임금께서 헌명軒名을 양성養性이라 내리고 친히 자필로 글을 써 주셨다.

〈행장〉은 〈총서〉에 살을 붙인 것이라고 할 수 있다. 호칭은 본명과 자字를 밝혀 큰 차이가 없다. 〈행장〉에서는 성이 이씨임을 더 쓴 정도로 내용이 늘었다.

부계에 대한 〈행장〉과 〈총서〉의 내용은 적지 않은 차이가 있다. 〈총서〉에서 숙종 임금의 아들이고 경종 임금의 아우라고 쓴 데에

반해, 〈행장〉에서는 경종 임금의 아우라는 내용을 빼고 대신 현종 임금의 손자임을 썼다. 〈행장〉에서는 경종 임금과의 관계보다는 현종 임금에서 숙종 임금으로 이어지는 왕통王統을 더 밝히려는 의도가 드러난다.

모계母系에 대한 기술에도 적지 않은 차이가 있다. 〈총서〉는 어머니가 '육상궁 숙빈 최씨'라고 한 데 비해, 〈행장〉에서는 어머니라는 말을 쓰지 않고 '화경숙빈 최씨'가 낳았다고 썼다. 대신 탄생 설화와 어릴 때 나타났던 특이한 기질에 대해 길게 썼다. 그 내용의 사실 여부는 확인할 수도 없고 확인할 필요도 없다. 그저 그러려니, 그렇게 미화하고 신비화했으려니 하면 그뿐이다. 이러한 요소들을 빼고 나면, 생일이 갑술년, 곧 숙종 20년, 서기로 1694년 음력 9월 13일이라는 것과 태어난 곳이 창덕궁 보경당이라는 사실만 남는다.

봉군, '연잉군'이라는 군호를 받은 사실을 〈총서〉는 기묘년으로 〈행장〉은 6세로 기록하였다. 기묘년은 숙종 25년이요, 서기로는 1699년으로, 1694년에 태어난 영조 임금이 우리 나이로 치면 여섯 살 되는 해가 맞다.

〈총서〉는 혼인과 출합에 대해서 기록하지 않았다. 공인으로서 영조 임금을 소개하는 데 중요하지 않은 요소라고 보았던 것이 아닌가 짐작된다. 이에 비해 〈행장〉은 혼인에 관하여 9세에 군수 서종제의 딸을 맞아 달성군부인으로 삼았음을, 그리고 출합에 대하여 19세에 사가로 나왔음을 기록하였다. 거기에 덧붙여 숙종 임금이 양성養性이라는 집 이름을 내리고 또 친히 수결을 써주었다는 사실도 기록함으로써 부왕 숙종의 총애를 받았음을 강조하였다.

영조 임금에 관한 〈총서〉와 〈행장〉 사이에는 이처럼 일치하지 않는 부분이 있다. 또 이 두 자료 외에 실록과 《승정원일기》 등 다른 자료들 사이에도 서로 어긋나는 부분이 없지 않다. 각 자료의 기술 내용을 검토하면서 임금이 되기 이전의 영조, 그 사람이 임금이 되기까지의 과정을 따라가보자.

호칭

먼저 그 호칭에 대해서 짚고 들어갔으면 좋겠다. 우리가 살펴보려는 그 인물을 어떻게 불러야 할까? 우리는 보통 영조 임금을 '영조'라고 부른다. 영조를 영조라고 부르지 그러면 뭐라고 부르나? 이런 의문을 가질 수도 있겠다. 하지만 이 호칭 문제가 그리 간단하지만은 않다.

'영조'라는 호칭은 묘호廟號이다. 묘호란 종묘宗廟에 있는 각 임금의 신주神主를 모신 태실太室에 붙인 이름이다. 임금의 호칭 가운데 가장 널리 쓰이는 것이 묘호이다. 조선왕조 임금들의 묘호를 흔히 '태정태세문단세太定太世文端世…'라는 식으로 그 첫 글자를 모아서 외운다. 첫 글자 다음에는 '조祖' 아니면 '종宗' 자가 따라붙는다. '조'는 창업지주創業之主, 즉 왕조를 새로 개창한 임금에 붙인다. 반면에 왕조를 이어받아 발전시킨 임금, 즉 수성지주守成之主에게는 '종'을 붙이는 것이 원칙이다. 또 공功이 큰 임금에게는 '조', 덕이 높은 임금에게는 '종'을 붙인다고 하였다. 본래 '조'와 '종'은 서로 격에 아무런 차이가 없는 것이었지만 실제로는 '조'가 '종'보다 높은 것으로 받아들여졌다.

중국이나 고려왕조에서는 대개 나라를 개창한 첫 임금에게만 '조'자를 붙여 '태조太祖'라고 하였다. 그런데 조선왕조에서는 '조'자가 붙은 임금이 태조 외에도 세조世祖, 선조宣祖, 인조仁祖, 영조英祖, 정조正祖, 순조純祖 등 일곱이나 되었다. 태조는 조선왕조를 개창하였기에 '조'자를 붙이는 것이 마땅하다. 세조는 조카를 내쫓고 왕위를 차지하였다. 그 사실 자체야 찬탈이라는 비판의 소지가 있으니 그 사실을 내세웠다기보다는 당시의 인식에서는 흔들리는 왕위를 바로잡아 왕권을 강화하였다는 뜻에서 '조'자를 붙였다고 이해해야 할 것이다. 선조는 애초에 '선종宣宗'으로 묘호가 결정되었지만, 1616년광해군 8에 가서 '선조'로 바뀌었다. 그렇게 바꾼 명분은 임진왜란이라는 시대적 위기를 극복하였다는 점도 감안하지 않은 것은 아니겠으나, 그보다는 선조 연간을 흔히 '목릉성세穆陵盛世'라고 하는 것으로 보듯이 문화적 치적을 평가하려는 데에 있었다. 인조는 반정反正을 일으켜 광해군을 몰아내고 왕위를 차지하였기에 당시로서는 중흥中興의 임금으로 평가하여 '조'자를 붙였다. 조선 후기의 영조 · 정조 · 순조는 원래 모두 '종'이었다가 순조는 1857년철종 8에, 영조는 1889년고종 26에, 정조는 1899년광무 3에 각각 '조'로 바뀌었다.

'영종英宗'이라는 묘호가 '영조'로 바뀌게 된 발단은 1889년고종 26

11월 27일에 올린 봉조하奉朝賀 김상현金尙鉉, 1811~1890이 올린 상소였다. 김상현이 속한 광산 김씨 가문은 조선 말기 권세를 행사하던 가문이라기보다는 학문을 가풍으로 삼는 쪽이었던 것으로 짐작된다. 김상현은 주요 관직을 마치고 현직에서 물러나 있는 원로 학자 관료로서 영종을 영조로 바꾸자고 발론을 한 것이다.[6]

신이 듣건대 종묘의 예禮에 '조'는 공을 가리키고 '종'은 덕을 가리킨다 하니 그 칭호가 매우 무겁습니다. 이것은 바로 많은 임금들이 전해 온 큰 전례典禮이며 또한 만대에 바꿀 수 없는 큰 의리요, 공론입니다. 우리나라에서는 더욱 전례를 중시하였습니다. 삼가 살펴보건대, 태조, 세조, 선조, 인조, 순조의 다섯 성조聖祖의 묘호의 극진함이 그 가운데서도 가장 융성합니다. '조'라 부르건 '종'이라 부르건 높이고 숭상하는 것은 한 가지이지만, 공이 있으면 반드시 '조'라고 칭하는 것은 그 비상함을 구별하는 방도입니다.

우리 영종대왕英宗大王은 세상에 드문 임금으로서 지극히 어려운 때를 만났음에도 여러 흉악한 자들을 대거 소탕하고 종묘사직을 다시 편안하게 안정시키셔서 나라를 다스리시기를 52년간 하셨습니다. 그 천덕天德과 왕도王道가 바로 삼황오제三皇伍帝처럼 순수하였고, 그 이루신 공은 높고 컸습니다. 승하하신 지 이미 수백 년이나 되었지만 우리나라 뭇 민생들이 지금까지도 그 베푸신 즐거움과 이익을 누리며 잊지 못하고 있습니다. 아! 성대합니다.

먼저 '조'와 '종'의 뜻을 개관하면서 공이 있으면 '조'자를 붙여야 한다고 전제하고, 그런 시각에서 보자면 영종대왕이 나라를 안정시키고 52년간 다스리면서 이룬 공이 높고 컸으니 '조'로 바꾸어야 한다는 주장이다. 그 뒤에 영조 임금의 공적을 그대로 옮기기에는 지나치게 많을 정도로 상세히 나열하였다. 김상현의 상소는 고종 연간에 영조 임금을 어떻게 이해하고 평가하였는지 알아보는 데 유용한 자료이다. 설명을 보태어 요약하면 대체로 다음과 같은 내용이다.

첫째, 효성을 다하여 왕실 웃어른들을 섬겼다. 어려서는 숙종 임금의 계비인 인현왕후仁顯王后를 정성으로 섬기고 돌아가시자 그 별사別舍를 감고당感古堂이라고 이름 지어 정성을 다하여 추모하였다. 숙종 임금의 건강이 악화되자 몸소 부축하여 드리기를 7년을 하루같이 하였다. 왕세제로 있을 때 여러 차례 위기를 겪으면서도 궁궐 안에 화기를 잃지 않게 하였고, 경종 임금이 병이 들자 관冠과 대帶를 벗지 않고 경종 임금이 한 끼를 먹으면 왕세제도 한 끼만 먹고 두 끼를 먹으면 두 끼만 먹으면서 돌보았다. 경종 임금께 드리는 약제를 바꾸라고 말했으나 소론인 이광좌李光佐, 1674~1740와 의관이 듣지 않아서 왕세제는 더욱 절절하게 슬퍼하였다. 숙종 임금의 제2계비인 인원왕후仁元王后를 섬김에 영조 임금 자신이 기로소耆老所에 들어간 늙은 나이에도 매번 손을 모으고 달려가 뵈면서 물품을 대어 봉양하기를 한결같이 하였다. 경종비인 선의왕후宣懿王后를 모후母后와 같이 친애하고 공경하며 섬겼다. 인조 임금의 능인 장릉長陵을 다른 곳으로 옮겨 모실 때, 원래 능에 있던 소나무와 잣나무를 효종 임금이 손수 심었다는 까닭으로 그 씨를 받아 새 능에 직접 뿌렸다. 종묘나 후궁後宮의 사당에 제사를 드릴 때는 반드시 친히 강신제降神祭를 행하였고 왕실의 무덤인 능이나 원을 골고루 찾아뵈었다.

둘째, 선조들을 추모하였다. 청淸나라가 명明나라의 역사를 정리하여 《명사明史》를 편찬함에 영조 임금이 사신을 보내어, 조선 태조 임금이 고려의 권신權臣인 이인임李仁任, ?~1388의 아들로 잘못 기록되어 있는 것과 인조 임금에 대한 여러 가지 잘못된 내용을 바로잡았다. 현종顯宗 임금을 대수代數가 다하여도 종묘 정전에서 영녕전으로 신주를 옮기지 않도록 세실世室로 정하였다. 전주 이씨의 시조 사공司空 이한李翰의 위패를 봉안한 사당인 조경묘肇慶廟를 전주 경기전慶基殿 뒤편에 창건하였다. 왕비의 지위를 얻지 못하고 있던 단종비 단경왕후端敬王后의 작위를 회복시켰다.

셋째, 명나라에 대하여 존주尊周 의리를 행하였다. 존주 의리는 공자가 내세운 명분 질서로서 '황제의 나라인 주周나라를 높이는 제후가 의로운 자'라는 의미이다. 조선왕조에서는 명나라를 주나라에서 이어지는 정통이라고 인정하여 명나라를 사대하는 예를 행하였는데, 이것이 바로 존주 의리였다. 영조 임금이 존주 의리를 행한 예로는 먼저 만동묘萬東廟에 손수 편액을 써서 걸었다는 사실이다. 1674년현종 15 서인계의 영수인 송시열宋時烈, 1607~1689이 괴산 화양구곡에 명나라 의종毅宗의 친필 '비례부동非禮不動' 네 글자를 모셔놓고, 1689년숙종 15 사사賜死되면서 제자들에게 명나라 신종神宗과 의종의 사당을 세워 제사 지낼 것을 부탁하였다. 그에 따라 1703년숙종 29에 세운 신종과 의종의 사당이 만동묘이다. 청나라를 인정하지 않고 명나라에 대한 존주 의리를 내세운 상징적인 시설물이다. 영조 임금이 그 편액을 직접 써서 걸었다는 사실은 영조 임금 역시 송시열과 그 계열의 인물들이 내세운 대명 의리를 인정하고 따랐다는 뜻이다. 명나라에 대한 의리를 드러내는 일을 임금이 주도하기 위하여 숙종 임금은 창덕궁 후원 뒤편에 명나라 신종과 의종에게 감사를 표하는 제사를 지내기 위한 제단을 설치했다. 그것이 대보단大報壇이다. 대보단은 황단皇壇이라는 별칭으로 불렸다. 영조 임금은 부왕 숙종 임금이 설치한 대보단을 증축하여 그 뜻을 이어받았다.

넷째, 영조 임금은 백성들을 불쌍하게 여겨 사회적으로 여러 혜택을 베풀었다. 풍년을 빌거나 비가 오기를 비는 제사 관련 일은 반드시 직접 행하였고, 요역徭役을 덜어주고 조세租稅를 감해주는 혜택을 주었다. 또한 창고를 열어 곡식을 미리 풀지언정 동전을 주조하지 않았으며, 재정에 도움이 될지라도 관에서 광산을 채굴하는 것을 허락하지 않았다. 또한 수령守令이 임지로 갈 때마다 백성들을 편안하게 하도록 경계하여 타이르기도 했고, 무릎뼈를 부러뜨리는 압슬壓膝형을 없앴고, 얼굴에 지워지지 않는 먹 글씨로 죄명을 적어 넣는 자비刺臂의 법을 금지했으며, 병조에 지방으로 보내는 영장營將, 즉 각 지방 진영에 둔 최고 관직을 잘 살펴 택하도록 명하였다.

다섯째, 스스로 절약하고 검소하게 사는 일에 시범을 보였다. 즉위 초부터 거친 베와 거친 비단을 입기를 힘써서 사치 풍속을 바꾸었다. 건물이 오래되어 벽이 낡고 창이나 기둥 가운데가 망가지고 깔자리가 해어져도 몇 년 동안 바꾸지 않았다. 그 결과 삼남三南 지방의 대동미大同米 절반을 그 고을에 남겨두었기에 집집마다 풍속이 순후하고 아름다워졌으며 자중自重하는 관리들이 많았다. 이처럼 효성과 우애가 위에서 크게 일어나니 풍속과 유행이 아래에서 두텁게 행해졌다.

신축년1721 왕세제 책봉 이후, 무력으로 소란을 일으키는 반대파에 승리함으로써 싸움을 끝내고 모든 것을 평정하였다. 이는 효종·현종·숙종으로 이어지는 삼대三代에 부합하는 일이라 말할 수 있다. 이러한 대성인의 덕행과 공로에 대하여 아직 '조'라고 부르는 예를 행하지 못하였으니, 사람들의 마음에 미진함이 있고 성상의 효성에 만족스럽지 않다. 그러니 이 상소문을 조정의 신하들에게 널리 하문하고 결단하여 행하시라 하였다.

고종 임금은 이 김상현의 상소를 비변사에 내려 의견을 모아 올리게 하였다. 비변사에서는 김상현의 상소에 동조하면서 옛 법이 있으니 임금께서 재결하시라고 찬성 의견을 내었다.[7] 그에 따라 12월 5일 비변사에서 묘호를 '영조'로 의논하여 정하고, 그날 고종 임금이 근정전에 나아가 그 단자를 받는 의식을 거행하였다.[8]

이처럼 영조라는 호칭은 그가 승하한 뒤, 그것도 한참 뒤에 바꾼 것이다. 오늘날에는 보통 영조라고 부르지만 영조 임금 당대에는 영조라고 불렀을 리 없다. 오늘날 임금 시절의 그를 영조라 부르는 것은 그렇다 치더라도, 임금이 되기 전의 그를 영조라 부르는 것은 더더욱 마땅치 않다.

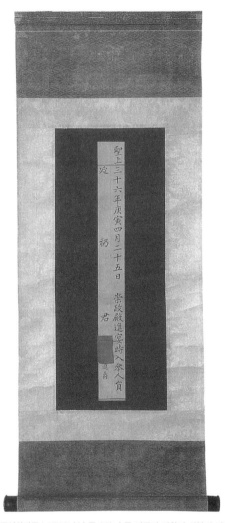

숭정전진연시 연잉군입참좌목 | 1710년(숙종 36) 숙종 임금의 병환이 회복된 것을 축하하기 위해 경희궁 숭정전에서 잔치가 열렸다. 이때 참석하였던 인물들 명단 가운데 연잉군 부분을 오려 족자로 꾸몄다. 연잉군의 이름인 '금昑' 위에 붉은색 천을 덧붙여 피휘하였다.
한국학중앙연구원 장서각 소장

연잉군 시절

묘호 외에 임금에게는 여러 호칭이 있다. 태어나 처음 부르는 이름은 아명兒名이다. 아명은 대개 우아한 한자로 작명하지 않고 민간의 속된 이름으로 짓는 경우가 많은 듯하다. 하지만 영조 임금의 아명은 잘 전해지지 않는다. 태어난 뒤 공식적으로 붙이는 이름이 본명本名이다. 임금의 본명은 일반적으로 잘 쓰지 않는 글자, 즉 벽자僻字를 쓴다. 공식 문서를 쓸 때 임금의 이름 글자를 함부로 쓰면 안 되었다. 그 글자를 피해 음이 같거나 뜻이 통하는 글자로 바꿔 써야 했다. 이를 피휘避諱라고 한다. 어쩔 수 없이 임금의 본명 글자를 쓰더라도 그 위에 노란 종이나 헝겊으로 가렸다. 임금의 이름은 함부로 부르거나 쓰기에 너무 황송하기 때문이다. 영조 임금의 본명은 '금昑'이다. 밝다는 뜻이다. '명明'자와 같은 뜻이지만 '명'자는 자주 쓰이기에 잘 쓰이지 않는 글자인 '금'을 쓴 것이다.

영조 임금의 성姓은 당연히 이씨李氏이다. 이씨 가운데 전주 이씨, 좀 더 좁혀서 말하자면 왕실 종친을 구별하여 부르는 완산完山 이씨이다. 그렇다면 우리가 살펴볼 인물의 호칭을 냉정하게 성명으로 부르자면 이금李昑이다. 그런데 그렇게 부르는 데에 우리는 익숙하지 않다. 왠지 불경스럽다는 생각을 무의식적으로 하지 않나 싶다. 하지만 이는 왕조의 신민의식에서 나오는 생각이 아닐까? 객관적으로 사람을 지칭할 때는 성명을 부르는데, 그렇다면 조선왕조의 신민이 아닌 민주공화국 대한민국의 한 사람으로서 과거 인물의 성명은 그대로 부르는 것이 당연하지 않을까? 다만 임금의 경우 이름만 부르면 대개 누구인지 모르니 묘호와 성명을 함께 부르는 것이 좋지 않나 싶다. '영조英祖 이금李昑'이라고 말이다. 영조라는 인물을 객관적으로 지칭하여 기술할 때는 이런 식으로 쓰는 것이 좋을 듯싶다.

일반 양반들도 그러하듯 임금을 부르는 또 다른 호칭에는 자字가 있다. 자는 관례冠禮를 치르면 새로 붙여주는 호칭으로서 당사자보다 지위가 높은 사람이나 동료들이 점잖게 부르는 이름이다. 영조 임금의 자는 광숙光叔이다. 하지만 누가 감히 임금의 자를 부르겠는가? 역시 별로 쓰이지 않는 호칭이다.

자에 비해서 호號는 윗사람과 아랫사람이 모두 부를 수 있는 호칭이다. 말하자면 가장 널리 알려져 있고 주로 부르는 별명이자 애칭 또는 경칭敬稱이라고 할 수 있다. 조선 초기에 임금들은 보통 호를 갖고 있지 않았다. 하지만 조선 후기에 오면서 호를 갖는 경우가 나타나는데 영조 임금도 호를 갖고 있었다. 영조 임금의 대표적인 호는 양성헌養性軒이다. 양성헌은 바로 영조 임금이 궁궐에서 나가 살던 집의 이름으로, 부왕인 숙종 임금이 지어 내려준 것이다.

그러면 그분을 무엇이라 불러야 할까? 앞서 말한 바 '영조 이금'으로 부르는 것은 논문과 같이 객관적이고 학술적인 글에서 적합하겠다. 하지만 아직은 낯설고 나올 때마다 매번 그렇게 부르는 것도 어색하다. 그저 '영조'라고 하는 것이 아직은 일반적이고 무난하다. 하지만 '영조'는 엄밀히 말해 즉위 이후의 그 사람을 가리키는 호칭이다. 시기에 따라서 연잉군 또는 왕세제로 써야 할 경우가 있으니 그런 경우에는 그렇게 쓰겠다. 그런데 즉위 이전과 이후를 포함하여 한 인물로서 그 사람 자체를 객관적으로 지칭할 때는 무엇이라 해야 할까? 정답은 없다. 이 책에서는 '영조 임금'이라고 쓰기로 한다.

무수리?

영조 임금은 숙종 임금의 다섯 아들 가운데 넷째로 태어났다. 숙종 임금은 세 명의 왕비를 이어서 맞았으나 왕비들에게서 아무런 자식도 얻지 못하였다. 후궁들에게서만 아들을 다섯 명 낳았다. 희빈禧嬪 장씨張氏, 1659~1701에게서 얻은 맏아들로 훗날 경종 임금이 되는 윤昀과 둘째 아들인 성수盛壽, 그리고 영조 임금과 같이 숙빈 최씨 소생의 영수永壽가 있었고, 명빈禖嬪 박씨朴氏, ?~1703 소생으로 연령군延齡君 훤昍, 1699~1719등이다. 그 가운데 성수와 영수는 어린 나이에 죽었다. 연령군 역시 21세가 되는 1719년숙종 45에 죽었기에 영조 임금의 형제로 끝까지 영향을 주고받은 사람은 여섯 살 위의 이복형인 경종 임금뿐이었다.

영조 임금의 모계는 공식적으로는 숙종의 제2계비인 인원왕후이다. 영조 임금은 생전과 사후 인원왕후를 극진히 대우했다. 그러나 인원왕후는 왕통상의 공식적인 모후일 뿐, 생모는 숙빈 최씨이다. 영조 임금을 이해하는 데는 인원왕후보다 숙빈 최씨의 비중이 더 크다고 하겠다.

'숙빈'이라고 할 때 '숙淑'은 빈에게 내린 빈호嬪號로서 고유명사에 해당한다. '빈嬪'이란 내명부 체계에서 최고 등급, 구체적으로는 내

제19대 임금 숙종肅宗, 1661~1720

인경왕후仁敬王后 김씨金氏, 1661~1680

인현왕후仁顯王后 민씨閔氏, 1667~1701

인원왕후仁元王后 김씨金氏, 1687~1757

희빈禧嬪 장씨張氏, 1659~1701

제1남
제20대 임금 경종景宗, 1688~1724

제2남
성수盛壽(조졸)

숙빈淑嬪 최씨崔氏, 1670~1718

제3남
영수永壽(조졸)

제4남
제21대 임금 영조英祖, 1694~1776

명빈䄙嬪 박씨朴氏, ?~1703

제5남
연령군延齡君 훤昍, 1699~1719

숙종 임금의 가족 구성

연잉군 시절

명부內命婦 1품品의 이름이다. 빈은 기본적으로 내명부 1품이지만, 왕명이 있는 경우에는 품계가 없다. 왕명이 있다는 것은 빈의 지위에 있는 어느 후궁의 품계를 없이 하도록 하였다는 뜻이다. 품계가 없다는 말은 품계를 초월하였다는 뜻이다. 다시 말해서 임금의 총애가 지극하여 임금의 후궁 가운데 가장 높은 지위에 이르러 거의 왕비에 버금가는 위상을 갖게 되었다는 뜻이다. 숙빈은 그런 위치에 있었다.

영조 임금의 생모 숙빈 최씨는 흔히 무수리 출신이라고 회자된다. 그런데 과연 그럴까? 무수리는 어떠한 신분으로 무슨 일을 하던 사람이었을까? 무수리가 임금의 아기를 낳을 수 있었을까? 이런 점들을 짚어보지 않으면 이 소문이 사실로 변질되는 것을 막을 수 없다.

조선 초기부터 무수리는 궁궐에서 일하는 계집종[婢子]을 가리키는 말이었다.[9] 고려의 제도를 이어받아 여러 관서의 노비奴婢 가운데 남자 아이를 '파지巴只'라고 하고 여자를 '무수리[水賜伊]'라고 칭하였다, 이들은 번番을 바꾸어 궁궐에 출입하면서 청소하는 일을 맡았다.[10] 무수리는 고려 때부터 전해 내려오는 말인데, 몽골말에서 유래하였다고 한다.

'남편이 있고 없음을 물어서 10일씩 바꾸어 입번立番하게 하였다'는 기사로 보아 무수리에게 남편이 있는 경우가 있었던 것 같다. 무수리의 지위는 궁녀보다 낮아서 궁녀의 부림을 받았다. 궁궐 안의 의녀[內醫女]나 침선비針線婢, 수모水母, 방자房子, 여령女伶, 그리고 지방 관아에 소속된 기녀妓女들과 같은 등급이었다. 이렇듯 신분이 아주

낮으며 궁궐에 전속되어 기거하지 않아 혹 남편이 있을지도 모르는 여성인 무수리를, 과연 임금이 취하였을까? 그럴 수는 없었다. 아무리 임금이라도 그렇게 하기는 어려웠다. 연산군이라면 모를까, 숙종 임금이 그랬다고 말하는 것은 그 시대를 모르고 하는 소리다.

그렇다면 영조 임금의 생모는 어떠한 신분으로, 어떠한 상황에서 숙종 임금을 만나 승은承恩을 입게 되었을까? 숙빈 최씨가 처음 숙종 임금의 눈에 띄는 현장을 누가 보았을지 생각해보자. 승지와 사관이 늘 임금을 곁에서 모시면서 그 일거수일투족을 기록했다 하여도 그것은 공식 활동에 한정된 것이다. 숙종 임금이 한참 계급이 낮은 여성을 처음 만나는 일은 공식적인 활동이라 할 수 없다. 사적이고 비공식적인 일이다. 이러한 상황은 임금을 측근에서 모시는 내시, 혹은 그 현장에 있었던 내시 아래의 어떠한 직책의 사람이라면 알 수 있었을지 모르겠다. 하지만 정규 관원 중 어느 누구도 직접 그 모습을 보았다고 말했을 리 없다.

숙빈 최씨의 출신 성분과 그가 숙종 임금의 승은을 입게 된 경위를 알려주는 기사로 현재 확인할 수 있는 것이 바로 이문정李聞政, 1656~1726의 《수문록隨聞錄》이라는 책에 들어 있는 글이다. 이문정은 영조 임금 초년에 이 글을 썼다. 당시는 노론과 소론이 서로 대립하며 정국을 이끌어가는 상황이었다. 이러한 정치 구도에서 이문정은 노론 계열에 속해 있었다.

《수문록》은 노론의 입장을 변호하려는 정치적 의도가 강한 글이다. 그렇기에 그 내용을 액면 그대로 믿을 수는 없다. 하지만 전부

허무맹랑하다고 단정 지을 수도 없다. 이런 전제하에서 한 번 꼼꼼히 읽어보기로 하자.¹¹

효교孝橋 근방에 유경관劉敬寬이라는 사람이 살았다. 그 위인이 근후謹厚하고 식자識字가 있었다. 일찍이 사알司謁로서 전 임금을 6~7년간 모시다가 병 때문에 물러난 사람이다.

위 인용문은 이문정에게 숙빈 최씨에 대한 이야기를 들려준 유경관이라는 사람에 대하여 소개하는 부분이다. 효교는 본 이름이 효경교孝敬橋로, 개천開川, 오늘날의 청계천의 하랑교河浪橋와 마전교馬廛橋 사이, 종묘에서 남쪽으로 건너가는 지점에 있는 다리이다. 효교 근방, 개천 일대는 지체 높은 양반들보다는 중인이나 평민과 천민들이 주로 모여 살았던 곳이다.

사알이란 액정서掖庭署에 소속된 잡직계雜織階 정6품의 원역員役이다. 액정서는 임금과 승정원 관원들 사이에 문서를 전달하는 일[傳謁], 임금이 쓰실 붓과 벼루[筆硯]를 준비하는 일, 궁궐의 자물쇠[鎖鑰]를 관리하는 일, 궁궐 조정 등에서 행사를 할 때 필요한 물품을 갖추어 놓는 일 등을 맡은 관청이다. 그 가운데 사알은 대전大殿, 곧 임금을 모시는 일을 맡은 높은 직급이다. 따라서 사알은 임금의 동정을 잘 알 수 있는 자리이다. 선왕先王이란 숙종 임금을 가리킨다. '유경관은 임금을 측근에서 모시던 잡직 관원으로서 6~7년이나 숙종 임금을 모셨다'는 말은 그가 임금의 사사로운 동정까지 알 수 있는 위치에 있었으며 그의 이야기가 신빙성이 있음을 내세우기 위한 것이다.

　이문정이 유경관을 만나 이야기를 들었고, '유경관의 사람됨이 근후하고 식자가 있다'는 것은 이문정의 주관적인 판단이다. 이문정이 유경관에게 상당히 호감을 갖고, 유경관의 이야기를 전파하려는 의도가 있었음을 보여준다. 유경관이 이문정에게 들려준 이야기의 본 내용은 다음과 같다.

　선대왕께서 하루는 밤이 깊은 뒤에 지팡이를 짚고 궁궐 안을 돌아다니셨습니다. 나인들의 방이 있는 곳을 지나가는데 유독 한 나인의 방에만 등불이 환히 밝았습니다. 밖에서 가만히 들여다보니 풍성한 음식을 차려 놓았는데 한 나인이 상 아래에 손을 맞잡고 꿇어앉아 있었습니다. 선대왕께서 심히 괴이하게 여겨 들창문을 열고 그 연고를 물어보셨습니다. 나인이 엎드려 아뢰기를, "저는 중전中殿의 시녀로서 각별히 총애를 받는 은혜를 입었습니다. 내일이 중전의 탄신일인데 폐위되어 계시는 서궁西宮에서 죄인으로 자처하시며 아침저녁으로 올리는 수라를 받지 않으시고 거친 음식만 드신다 합니다. 내일이 탄신일인데 누가 음식을 올릴까? 저의 정리로는 슬픔을 이기지 못하겠기에 이렇게 중전께서 좋아하시는 음식을 차렸으나, 중전께 올려 바칠 길이 전혀 없어 이렇게 올리는 모양을 갖추어서 저의 방에 진설하여 정성을 펼치고자 하였습니다"라고 하였습니다.

　임금께서 비로소 생각해보니 내일이 과연 중전의 탄신일이라, 크게 느끼는 바가 생기고 그 정성스런 뜻을 가상히 여기시게 되어 마침내 가까이 하시게 되었고, 이로부터 그 나인이 잉태하게 되었습니다.

임신한 지 6~7개월이 되었을 때 희빈이 이를 알게 되었습니다. 그 나인을 붙잡아가 결박하고 지독하게 때려 거의 죽을 지경에 이르자 담장 아래에 버려두고 큰 독으로 덮어두었습니다. 선대왕께서 어느 날 베개에 기대어 깜빡 졸음에 드셨는데 홀연히 꿈에 신령한 용이 땅에서 나오려고 하나 나오지 못하고, 겨우 머리의 뿔만 내놓고 울면서 선대왕께 고하기를, "전하께서는 속히 저를 살려주십시오"라고 하였답니다. 선대왕께서 놀라 깨시어서 그 꿈을 매우 괴이하게 여기셨습니다.

희빈의 침방에 들어가 두루 둘러보았으나 처음에는 징험할 만한 것이 없었습니다. 그러다가 문득 담장 아래를 보니 엎어놓은 독이 있기에 저 독은 무슨 이유로 엎어놓았는가 하문하셨습니다. 희빈이 교묘한 말로 대답하기를, "빈 독은 본래 거꾸로 놓습니다"라고 하였습니다. 선대왕께서 즉각 내시에게 명을 내리셔서 그것을 바로 세우라고 하였더니 그 가운데서 결박당한 여인이 드러났습니다. 선대왕께서 크게 놀라시어 살펴보시니 이 사람이 지난밤까지도 가까이 했던 바로 그 나인이었습니다.

온몸에 피가 흐르고 목숨이 넘어갈 듯하였습니다. 급히 결박을 풀라고 명하시고 먼저 약을 입에 흘려 넣어주고 다음에 미음을 목에 흘려서 먹게 하였더니 조금 있다가 비로소 생기를 찾았습니다. 그 나인을 임금 정침의 곁방에 두고 아침저녁으로 구호하니 다행히 소생하였고 태중의 아기도 무사하였습니다.

선대왕께서 그때 이후로 희빈의 악함을 아시고 마침내 멀리하고 배척

할 마음을 갖게 되었고, 중전 및 최씨에게로 향하는 마음이 자못 많아지셨습니다. 이에 왕자를 낳으니 선대왕에서 아주 기쁘게 여기시고 행복해 하셨습니다. 최씨에게 하교하여 말씀하셨습니다. "네가 중전에게 지극한 정성을 갖고 있었기에 신명께서 보우하사 나로 하여금 너를 가까이 하게 하였다. 이 아들을 얻는 상서로움은 곧 중전으로 말미암은 것이다. 만약 중전의 탄신일이 아니었다면 네가 어찌 촛불을 밝히고 음식을 진설하였겠으며 마침 내가 지나갈 때 내게 보였겠는가? 오늘 아들을 얻는 이 상서로움은 곧 중전이 하사한 바이다"

최씨가 우러러 대답하였습니다. "오늘의 하교는 절절히 지당하십니다. 만약 아들을 얻는 상서로움이 중전으로 말미암았음을 아신다면 마땅히 복위하는 처분을 내리셔야 합니다" 임금이 "내 마음도 그러하다" 하시고, 마침내 복위하는 거조를 행하셨습니다. 이와 같이 기이한 일은 만조백관 아무도 알지 못하지만 유독 나만이 아는 바입니다.

이 이야기를 어디까지 믿어야 할지 판단하기는 쉽지 않다. 모두 유경근이 직접 본 바인지, 아니면 다른 누구에게 전해들은 이야기인지도 분명하지 않다. 숙종 임금의 꿈 이야기나 숙종 임금과 최씨 사이의 대화 등은 아무리 사알로서 임금 가까이 있었던 사람이라 하더라도 숙종 임금이 말하지 않으면 알 수 없는 내용이다. 또 이것이 진실인지 의심스러우며, 상대가 있는 이야기라 희빈 측의 반론을 들어보아야 할 부분도 없지 않다.

하지만 전부 꾸며낸 이야기라고 치부할 수는 없다. 상당 부분 진실을 담고 있음을 인정하지 않을 수 없다. 이것은 임금에 관한 이야기다. 한 임금도 아닌 두 임금, 아버지 숙종과 아들 영조에 대한 이야기다. 영조 당대에 영조 임금이 지닌 출생의 비밀을 완전히 날조할 수는 없는 일이다. 이 이야기가 담고 있는 진실은 무엇일까?

나인 신분

위 인용문에서 그 여인을 '나인'이라고 부르고 있음을 주목할 필요가 있다. 나인이란 궁중 용어이다. 한자로는 '內人'이라 쓰고 읽기는 '나인'이라고 읽는다. 나인은 궁궐에서 일하는 여성들을 가리키는 말이다. 궁궐에서 일하는 남성을 내관內官이라고 부르는 것과 대비되는 말이라고 할 수 있다. 내관은 궁궐에서 일하는 모든 남성을 포괄하는 말이 아니라 일정한 지위와 신분을 갖고 공적인 일을 하는 내시內侍, 다른 말로 환관宦官을 가리키는 말이다. 이에 대응하여 나인 역시 궁궐에서 일하는 모든 여성이라기보다는 일정한 지위를 갖고 있는 여성, 곧 내명부에 소속된 여성을 가리킨다.

내명부란 궁궐에서 살면서 활동하는 여성들의 위계질서를 세운 체계이다. 일반 관원들이 품계를 갖듯이 내명부도 품계를 갖고 있다. 내명부의 품계도 1~9품으로 구성되어 있고, 각 품은 다시 정正과 종從으로 나뉘어 정1품부터 종9품까지 18계階로 구성된다. 그 가운데 정1품 빈부터 종4품의 숙원淑媛까지는 왕의 후궁이요, 정5품의 상궁尙宮부터 종9품의 주변궁奏變宮까지가 궁인이다. 이렇게 보면 종4품 숙원과 정5품 상궁은 품계로는 한 등급밖에 차이가 나지 않지만, 숙원은 시중을 받는 존재이고 상궁은 시중을 드는 처지로서 신분상으로 본질적인 차이가 있다.

내명부라 함은 우선 남성 관료들에 대하여 궁궐의 여성들을 지칭하는 것이요, 둘째는 궁궐 밖에 살면서 궁궐에 들어와 왕비를 만나는 여성들인 외명부外命婦에 대하여 궁궐 안에 사는 여성들을 지칭하는 것이며, 셋째로는 허드렛일을 하는 신분이 낮은 여성들에 대하여 일정한 지위에 임명을 받은 여성들을 지칭하는 용어이다. 여관女官이라면 이러한 지위를 갖고 있으면서 특정한 직책에 임명받은 여성 관원이라는 뜻이 되겠고, 그 안에 내관과 궁관宮官이 있는 셈이다. 내관은 국왕의 후궁 반열의 여관이요, 궁관은 그 아래 실무를 맡은 여관이다.

내명부 체계에서 4품 이상이 국왕의 후궁 반열이라면, 5품 이하를 가리킬 때 궁인이라고 하였다. 궁인은 일반적으로 궁녀宮女라고 불렸는데 궁녀라는 말은 엄밀히 말하자면 상궁과 시녀侍女를 합쳐 부르는 말이라고 할 수 있다. 상궁은 정5품으로서 궁인들 가운데 가장 지위가 높았으며, 시녀는 그 아래 직급의 궁인들을 총칭하는 용어이나, 때로는 시중드는 여자라는 뜻으로 범위를 넓혀 쓰기도 하였다.

궁녀는 그 기본 신분이 천민賤民이다. 관에 속한 비녀婢女 가운데 발탁되어 궁궐에서 근무하는 사람이 궁녀이다. 그 가운데 하급 궁녀는 허드렛일을 하는 무수리와 별반 차이가 없는 수준이었기에 그런 인식이 퍼진 것으로 보인다. 영조 임금이 자격지심을 가질 만하다. 하지만 궁녀와 무수리는 엄연히 다르다. 궁녀는 내명부에 포함된 자리였으며 품계가 올라가면 자신이 맡은 일에 전문성이 생기고 대우도 달라지게 마련이었다. 임금의 승은을 입을 수도 있는 위치였다. 그럴 경우, 궁녀에서 후궁으로 신분이 상승하는 것이다.

위 유경관의 이야기에 나오는 나인은 궁궐에 자기 방을 갖고 있었다. 이 이야기를 사실로 인정한다면 이 나인은 궁궐 안에서 살았다. 궁녀들은 궁궐 안에 살았다. 특별한 일이 없는 한 자기 마음대로 궁궐 밖으로 나갈 수 없었다. 이에 비해 무수리는 궁궐 안에 사는 경우도 있었지만, 대부분 궁궐 밖에 살았기에 궁궐 밖을 비교적 쉽게 드나들 수 있었다. 궁궐 안에 사는 경우에도 그 하는 일로 보아 궁궐 출입은 어렵지 않게 할 수 있었던 것으로 보인다.

그 나인은 자기 방에 특별한 생일 음식을 준비하였다. 궁궐에서 왕비나 대비 같은 이들 외에 어느 개인이 이러한 생일 음식을 스스로 준비할 수 있는지 잘 모르겠다. 궁궐에는 조리를 할 수 있는 수라간水剌間, 곧 소주방燒廚房과 생물방生物房이 설치되어 있었다. 물론 그곳에서 조리를 할 수 있는 사람은 정해져 있었다. 그렇기에 따로 음식을 마련하는 일은 쉽지 않았을 것으로 보인다. 그럼에도 음식을 준비하였다면 음식을 만들 수 있는 사람에게 부탁하였다고 보아야 하지 않을까? 스스로 음식을 만들기도 어려웠겠지만, 그랬다 하더라도 최소한 식재료 조달은 다른 사람의 도움을 받아야 했을 것이다. 그러려면 상당한 영향력과 재력이 있어야 했다. 그 나인은 그런 힘을 갖고 있었다는 뜻이다. 또한 중전의 시녀로서 총애를 받았다고 한다. 이 말이 사실인지 여부는 알 수 없으니 일단 인정할 수밖에 없다. 여기서 말하는 중전은 폐위당하여 궁궐 밖으로 내쫓긴 숙종 임금의 계비 인현왕후 민씨를 가리킨다. 시녀라는 말은 상궁 아래의 내명부, 즉 궁녀를 가리킨다. 인현왕후가 왕비였을 때 그 중궁전에 소속되었던 궁녀라는 말이다.

　그 다음 이어지는 이야기는 나인이 인현왕후와의 관계 때문에 인현왕후와 경쟁 관계에 있었던 희빈 장씨의 경계 대상이 되었는데, 숙종 임금의 총애를 받아 임신까지 하게 되어 희빈으로부터 모진 핍박을 받았다는 내용이다. 이 부분은 논란의 여지가 많다. 이 글을 쓴 이문정의 정치적 성향으로 보면 인현왕후와 나인에게 기울어진 이야기임에 틀림없다. 희빈 쪽의 이야기도 들어보아야 하지만 그것이 불가능하니 뭐라 판단하기가 어렵다.

　그 나인이 숙종 임금의 아들을 낳았음은 부정할 수 없는 객관적인 사실이다. 이 부분은 나중에 천천히 살펴보기로 하자. 그 다음 이어지는 이야기는 나인이 무사히 아들을 낳아 숙종 임금의 총애를 더 많이 받게 되었고, 이를 계기로 인현왕후의 복위를 건의하여 이루어졌다는 내용이다. 다시 말해 숙종 임금이 희빈 장씨를 내치고 인현왕후를 복위하게 된 일등 공로가 그 나인에게 있다는 주장이다. 이 부분도 과연 사실이 그러한지는 쉽게 단정하기 어렵다. 이 글은 영조 임금 초기에 쓰여진 것이다. 영조 임금과 인현왕후 계열, 곧 노론의 관계가 깊음을 강조하려는 의도가 엿보인다.

이상을 종합해보면 나인의 신분은 궁녀이지, 무수리일 리가 없다. 궁녀 가운데서도 어느 정도 높은 품계에 있어 자신의 뜻대로 생신 음식을 마련할 여력이 있는 궁녀라고 보아야 한다. 그 자신이 특정한 정치적 성향을 갖는 건 어려웠을 것이지만, 인현왕후를 모신 이유로 나중에 노론 계열로 분류된 것으로 보인다. 위 이문정의 《수문록》에서는 남인 계열로 평가되는 희빈과 대립하였고, 희빈으로부터 모진 핍박을 받았음을 특별히 강조하고 있다.

그 나인이 바로 영조 임금의 생모 최씨이다. 위 글에서 나인이 낳은 아기가 곧 영조 임금은 아니다. 위 이야기를 사실로 받아들인다면 영조 임금의 동복형인 영수일 것이다. 나인이었던 최씨는 1693년숙종 19 4월 26일에 숙원이 되었다.[12] 그 나인은 이제 시중을 드는 위치에서 시중을 받는 위치인 정식 후궁이 된 것이다. 1년 남짓 뒤인 1694년숙종 20 6월 2일에는 숙종 임금의 특명으로 두 품, 즉 네 계나 오른 종2품의 숙의淑儀로 승품이 되었다.[13]

마침내 1694년숙종 20 9월에 왕자를 낳았으니 이 왕자가 곧 후일의 영조 임금이다. 숙종 임금은 이 왕자를 낳은 일이 더없이 기뻤던 듯하다. 아기를 낳는 일을 보살폈던 호산청護産廳의 환시宦侍와 의관醫官들에게 궁궐에서 기르던 말을 상으로 주었다. 이는 대단히 파격적인 조치여서 당시 우의정이었던 윤지완尹趾完, 1635~1718이 나서서 왕실의 가까운 친척이나 사위 등 외척[儀賓], 군문의 대장[將臣] 외에 궁궐의 말을 하사한 예가 없다고, 이를 환시와 의관에게 주는 것은

영조 태항아리 | 왕실에서는 아기가 태어나면 그 태胎를 좋은 터에 태실胎室을 조성하여 묻었다. 태는 주로 백자로 된 작은 항아리에 넣고 이를 다시 큰 항아리에 넣은 다음 돌 함函에 넣어 보호하였다. 국립고궁박물관 소장

지나친 은전恩典이니 취소하시라고 글을 올려 아뢰었다. 윤지완이 아뢴 데 대해서 정치적으로 반대편에 있던 노론 측에서까지 우의정으로서 체모를 지킨 행위라고 높이 평가할 정도였다. 하지만 숙종 임금은 윤지완에게 참 좋은 말씀이라는 비답을 내리면서도 이 조치를 취소하지는 않았다.[14]

숙의 최씨는 종1품 귀인貴人을 거쳐 1699년숙종 25에 정1품 빈이 되었다.[15] 그때 받은 빈호가 숙, 그래서 공식 칭호가 숙빈 최씨가 되었다. 그리하여 한낱 궁궐 나인이었던 그 여인은 결국 내명부에서

는 더 이상 올라갈 자리가 없는 최고 직급에까지 오르게 되었다.

1704년숙종 30 무렵에 숙빈 최씨는 서울 도성 안 배오개[梨峴]에 가장 크고 번듯한 집을 갖고 있었다.[16] 배오개는 도성의 동대문인 흥인문으로 들어와서 중심부로 가면서 만나는 낮은 고개로서 주변에 시전 외에도 난전이라 하여 국가에서 세우지 않은 시장이 발달되었던 곳이다. 오늘날의 종로4가에 있는 광장 시장이 그 흐름을 잇고 있다. 숙종 임금이 숙빈 최씨에게 이현궁梨峴宮이라고 불리는 별궁別宮을 내려주었던 것이다. 이후 그 아들인 연잉군이 혼인하여 별도의 집을 받은 뒤에는 숙빈 최씨가 그곳에 동거하여도 된다 하여 이현궁을 환수하였다.[17] 이현궁은 다른 궁방과 비교가 되지 않을 만큼 매우 넓고 컸다. 그만큼 숙빈은 숙종 임금에게 매우 높은 대우를 받았음을 알 수 있다.

숙빈 최씨는 1718년숙종 44 3월 9일에 졸卒하였다.[18] '졸하였다'는 말은 사망하였다는 말을 높여 표기한 것이다. 신분제 사회에서는 사망하였다는 말도 신분 지위에 따라 다르게 기록하였다. 임금이나 왕비가 사망하면 '승하昇遐'라는 말을 쓴다. 숙빈 최씨는 왕비가 아니었으므로 '승하'라는 말을 쓰지 않고 '졸'이라고 표기한 것이다.

숙빈 최씨는 하급 궁녀로 출발하여 임금의 총애를 받는 최고 지위의 후궁이 되어 졸하였다. 숙빈 최씨가 생전에 그 아드님이 임금이 되리라고 생각하지는 못했을 것이다. 혹 생각은 했을지도 모르나 큰 기대는 걸지 않았을 것으로 생각한다. 하지만 그 아드님이 임금이 되었고, 숙빈 최씨는 사후 그 아드님에게서 왕비 부럽지 않은 대우를 받았다. 하지만 의도한 바 아니었겠으나, 어머니 숙빈 최씨는 평생 영조 임금의 의식 세계에 짙은 그림자를 드리우게 되었다.

팔고조도

숙빈 최씨의 신분을 가늠하게 해주는 자료로 팔고조도八高祖圖가 있다. 팔고조도는 어느 인물의 부모, 그 부모의 각각의 부모, 다시 그 각각의 부모의 부모… 해서 고조부모들까지를 기재한 표이다.

왕실의 족보인 《선원계보기략璿源系譜記略》에는 임금들의 팔고조도가 포함되어 있다. 그런데 영조 임금의 팔고조도는 두 가지가 수록되어 있다. 부계는 동일하지만, 모계에서 어머니가 모후인 인원왕후와 생모인 숙빈 최씨 둘이기 때문이다.

팔고조도는 다소 복잡하고 어렵다. 하지만 아주 기계적으로 어떤 사람의 조상들을 정리해놓은 것이기 때문에 그 구조를 이해하고 보면 모를 것도 없다. 46쪽의 〈영조대왕팔고조도〉1을 보면 영조대왕의 돌아가신 아버지는 숙종대왕이고, 돌아가신 어머니는 인원왕후 김씨이다. 숙종대왕의 아버지, 다시 말해 영조대왕의 할아버지는 현종대왕이며 할머니는 명성왕후 김씨이다. 현종대왕의 아버지이자 영조대왕의 증조할아버지는 효종대왕, 증조할머니는 인선왕후 장씨이다. 효종대왕의 아버지이자 영조대왕의 고조할아버지는 인조대왕, 고조할머니는 인렬왕후 한씨이다. 여기까지는 왕실 족보에 조금

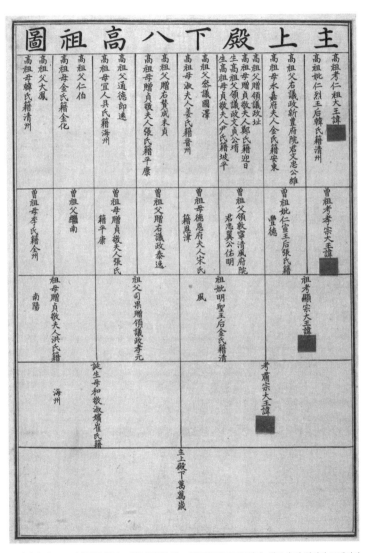

주상전하 팔고조도 | 1735년(영조 11) 작성한 영조 임금의 팔고조도이다. 생모 숙빈 최씨가 모계이다. 부계인 숙종, 현종, 효종, 인조의 이름에 붉은 천으로 피휘하였다. 한국학중앙연구원 장서각 소장

〈영조대왕팔고조도英祖大王八高祖圖〉1

고조(高祖) 대 (좌→우)

- 高祖母 申氏 籍平山 / 고조모
- 高祖父 進士 尙實 / 고조부
- 高祖母 贈淑夫人金氏 籍安東 / 고조모
- 高祖父 洗馬 贈參議 錫馨 / 고조부 세마 증참의 석형
- 高祖母 贈淑夫人李氏 籍延安 / 고조모
- 高祖父 進士 贈左承旨 來陽 / 고조부 진사 증좌승지 래양
- 高祖母 贈貞敬夫人李氏 籍完山 / 고조모
- 高祖父 贈領議政 / 고조부
- 高祖母 貞敬夫人姜氏 籍晉州 / 고조모
- 高祖父 貞敬夫人姜氏 籍晉州 / 고조부
- 高祖母 貞敬夫人姜氏 籍晉州 / 고조모
- 高祖父 參議 贈左贊成 國澤 / 고조부 참의 증좌찬성 국택
- 生高祖母 貞敬夫人尹氏 籍坡平 / 생고조모
- 生高祖父 領議政 文貞公 堉 / 생고조부 영의정 문정공 육
- 高祖母 贈貞敬夫人鄭氏 籍迎日 / 고조모
- 高祖父 贈領議政 址 / 고조부 증영의정 지
- 高祖母 永嘉府夫人金氏 籍安東 / 고조모 영가부부인김씨 적안동
- 高祖父 右議政 新豊府院君 贈領議政 文忠公 維 / 고조부 우의정 신풍부원군 증영의정 문충공 유
- 高祖妣 仁烈王后韓氏 籍淸州 / 고조비 인렬왕후한씨 적청주
- 高祖考 仁祖大王 諱倧 / 고조고 인조대왕 휘종

증조(曾祖) 대 (좌→우)

- 曾祖母 贈貞敬夫人李氏 籍韓山 / 증조모
- 曾祖父 縣令 贈左贊成 景昌 / 증조부 현령 증좌찬성 경창
- 曾祖母 贈貞敬夫人趙氏 籍豐壤 / 증조모
- 曾祖父 贈領議政 延安府院君 / 증조부
- 曾祖父 生員 贈領議政 振 / 증조부 생원 증영의정 진
- 曾祖母 德恩府夫人宋氏 籍恩津 / 증조모 덕은부부인송씨 적은진
- 曾祖父 領敦寧 淸風府院君 贈領議政 忠翼公 佑明 / 증조부 영돈녕 청풍부원군 증영의정 충익공 우명
- 曾祖妣 仁宣王后張氏 籍德水 / 증조비 인선왕후장씨 적덕수
- 曾祖考 孝宗大王 諱淏 / 증조고 효종대왕 휘호

조(祖) 대 (좌→우)

- 祖母 嘉林府夫人趙氏 籍林川 / 조모 가림부부인조씨 적임천
- 祖父 領敦寧 慶恩府院君 贈領議政 孝簡公 柱臣 / 조부 영돈녕 경은부원군 증영의정 효간공 주신
- 祖父 明聖王后金氏 籍淸風 / 조비 명성왕후김씨 적청풍
- 祖考 顯宗大王 諱棩 / 조고 현종대왕 휘연

고비(考妣) 대

- 妣 仁元王后金氏 籍慶州 / 비 인원왕후김씨 적경주
- 考 肅宗大王 諱焞 / 고 숙종대왕 휘돈

英祖大王 / 영조대왕

연잉군 시절

〈영조대왕팔고조도英祖大王八高祖圖〉2

高祖考 仁祖大王 諱 倧
고조고 인조대왕 휘 종

高祖妣 仁烈王后韓氏 籍清州
고조비 인렬왕후한씨 적청주

高祖父 右議政 新豊府院君 贈領議政 文忠公 維
고조부 우의정 신풍부원군 증영의정 문충공 유

高祖母 永嘉府夫人金氏 籍安東
고조모 영가부부인김씨 적안동

高祖父 贈領議政 址
고조부 증영의정 지

高祖母 贈貞敬夫人鄭氏 籍迎日
고조모 증정경부인정씨 적영일

生高祖父 領議政 文貞公 堉
생고조부 영의정 문정공 육

生高祖母 貞敬夫人尹氏 籍坡平
생고조모 정경부인윤씨 적파평

高祖父 參議 贈左贊成 國澤
고조부 참의 증좌찬성 국택

高祖母 貞敬夫人姜氏 籍晋州
고조모 정경부인강씨 적진주

高祖父 贈左贊成 末貞
고조부 증좌찬성 말정

高祖母 贈貞敬夫人張氏 籍平康
고조모 증정경부인장씨 적평강

高祖父 進士 贈左承旨 來陽
고조부 진사 증좌승지 래양

高祖母 贈淑夫人李氏 籍延安
고조모 증숙부인이씨 적연안

高祖母 宜人吳氏 籍海州
고조모 의인오씨 적해주

高祖母 金氏 籍金化
고조모 김씨 적김화

高祖父 大鳳
고조부 대봉

高祖母 韓氏 籍清州
고조모 한씨 적청주

曾祖考 孝宗大王 諱 淏
증조고 효종대왕 휘 호

曾祖妣 仁宣王后張氏 籍德水
증조비 인선왕후장씨 적덕수

曾祖父 領敦寧 清風府院君
贈領議政 忠翼公 佑明
증조부 영돈녕 청풍부원군
증영의정 충익공 우명

曾祖母 德恩府夫人宋氏 籍恩津
증조모 덕은부부인송씨 적은진

曾祖父 贈右議政 泰逸
증조부 증우의정 태일

曾祖母 贈貞敬夫人 張氏 籍平康
증조모 증정경부인 장씨 적평강

曾祖父 學生 贈左贊成 繼南
증조부 학생 증좌찬성 계남

曾祖母 贈貞敬夫人金氏 籍江陵
증조모 증정경부인김씨 적강릉

祖考 顯宗大王 諱 棩
조고 현종대왕 휘 연

祖妣 明聖王后金氏 籍清風
조비 명성왕후김씨 적청풍

祖父 司果 贈領議政 孝元
조부 사과 증영의정 효원

祖母 贈貞敬夫人洪氏 籍南陽
조모 증정경부인홍씨 적남양

考 肅宗大王 諱 焞
고 숙종대왕 휘 돈

和敬德恩安純綏福
淑嬪崔氏 籍海州
화경덕은안순수복
숙빈최씨 적해주

영조대왕英祖大王

만 관심을 갖는다면 누구나 알 수 있고 이미 널리 알려진 사실이다.

그런데 외가 쪽 족보는 거의 알려져 있지 않다. 관심을 갖고 파고 드는 전문가들 외에는 알아내기도 어렵다. 영조 임금의 출자를 알아보는 데에는 부계보다는 잘 알려져 있지 않은 모계 쪽 족보에 더욱 많은 정보가 담겨 있다.

한 사람의 조상을 거슬러 올라가면서 살펴보면 부모 두 분, 할아버지 대에 네 분, 증조할아버지 대에 여덟 분, 고조할아버지 대에 열여섯 분, 도합 서른 분이나 되는 조상들이 계시다. 가다가 혹 양자로 들어간 경우가 있으면 더 늘어난다.

그런데 임금의 부계 직계는 일단 모두 임금들이다. 생부가 임금이 아닌 경우도 있겠지만, 임금이 되기 위해서는 어느 임금의 왕통을 잇는 형식을 취하므로 그 부왕의 팔고조도와 함께 생부를 기재한 팔고조도를 별도로 만든다.

어느 인물의 어머니가 모후와 생모 둘일 때도 당연히 팔고조도는 별도로 작성하였다. 47쪽의 〈영조대왕팔고조도〉2는 영조 임금의 팔고조도 가운데 모계를 생모 숙빈 최씨로 한 것이다.

이에 따르면 숙빈 최씨의 아버지 최효원崔孝元은 관직이 사과司果였는데, 영의정으로 추증追贈되었다. 사과는 오위五衛에 속한 정6품 무관직이다. 조선 후기에 이르러 오위는 그 실제 부대 병력은 모두 없어지고 관직 이름만 남아 밤에 순라를 도는 정도였다. 게다가 사과는 정식 무관직이 아니라서 반대급부로서 체아록遞兒祿을 받았다. 체아록은 한 사람의 몫의 녹봉을 두세 명에게 나누어주는 방식이다. 자연히 체아록을 받는 사람들은 보수가 적고, 또한 일도 적었다. 체아록을 받는 사람들은 정규 관원이 아니라 대개 잡직이었다.[19] 그들의 신분은 명확하게 구별되는 것은 아니었다. 양반은 아니고, 중인과 평민 사이 어디쯤이라고 보아야 할 것이다.

최효원의 아버지, 다시 말해 숙빈 최씨의 할아버지 최태일崔泰逸은 그나마 관직은 전혀 받지 못한 듯, 우의정으로 추증되었을 뿐이다. 최태일의 아버지, 그러니까 숙빈 최씨의 증조할아버지 최말정崔末貞 역시 아무런 관직을 하지 못했고, 단지 좌찬성으로 추증되었다. 숙빈 최씨의 외가 계열의 조부들 또한 관직을 하지 못했다. 추증이란 당사자가 죽은 뒤에 그 후손이 높은 벼슬을 하면 죽은 조상에게도 관직을 부여하는 제도이다. 죽은 뒤에 관직을 받은들 무얼 하겠는가? 살아 있는 후손에게 명예와 이익을 주기 위한 것일 뿐이다.

일반적으로 임금의 팔고조도에서 부계 직계에 가까운 쪽의 모계, 팔고조도에서 보자면 오른편으로 갈수록 그 부친들의 신분과 지위가 높고, 모계 쪽으로 기울어질수록 그러니까 팔고조도에서 보자면 왼편으로 갈수록 부친들의 신분 지위가 낮은 편이다. 그렇지만 숙빈 최씨의 선대는 거의 관직을 맡은 사람이 없을 정도이다. 숙빈 최씨의 친정 가문이 천민이라고 할 수는 없지만 평민 수준의 가문이었다고 판단할 근거이다.

대대로 번듯한 양반 가문들이 사회적으로 정치적으로 자리잡고 강력한 영향력을 행사하던 당시 상황에서, 생모 쪽 집안의 신분이 변변치 못하다는 사실은 영조 임금에게는 자격지심으로 작용하였고 그의 생각과 언행에 큰 그림자를 드리웠다. 영조 임금은 자신의 어머니의 집안에 대해서 언급하면 극도로 신경질적인 반응을 보였다. 그 사실은 그에게 용의 비늘 가운데 거꾸로 박혀 있는 비늘, 누구든지 그것을 건드리면 기어코 공격하여 무너뜨리고 만다는 비늘인 역린逆鱗과 같은 것이었다.

2.

성장 成長

탄강

영조 임금은 1694년$^{숙종\ 20}$ 9월 13일에 창덕궁 보경당에서 탄강 誕降하였다.^{20} 보경당은 창덕궁의 편전인 선정전宣政殿 서북쪽에 있었 던 건물이다. 보경당은 영조 임금의 이복형인 경종 임금과도 관련 이 깊은데, 경종 임금이 세자로 책봉될 당시 원자元子로 기거하던 곳 으로서 그곳에서 세자 책봉례를 행하기도 하였다. 이처럼 보경당은 후궁 또는 후궁 소생 왕자들의 거처로 쓰이는 건물이었다. 연잉군 이 만약 왕비에게서 태어났다면 좀 더 번듯하고 격이 높은 중궁전 의 어느 건물을 선택하여 마련한 산실청에서 태어났을 것이요, 세 자빈에게서 태어났다면 역시 세자빈이 출산하기에 적합한, 격이 높

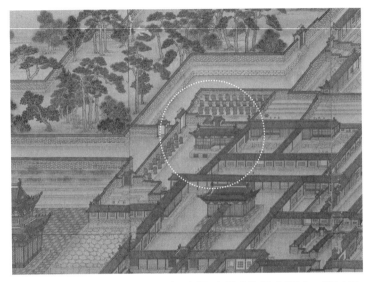

동궐도의 보경당 | 영조 임금이 태어난 보경당은 창덕궁 선정전의 북서쪽에 있었다. 그 바로 서편과 북편에 인정전으로 내려오는 산줄기를 배경으로 장독대가 있었다. 고려대학교박물관 소장

은 건물을 선택하여 마련한 산실청에서 태어났을 것이다. 보경당은 그러한 건물들보다는 격이 낮은 건물로, 후궁 소생의 왕자가 태어나기에 더도 덜도 아닌 건물이라고 할 수 있겠다.

봉군

영조 임금은 여섯 살이 되는 1699년^{숙종 25} 처음 '군^君'으로 봉함을 받았다.[21] 군호는 연잉군延礽君이었다. '군'은 후궁 소생 왕자에게 붙

이금 봉군 교지 | 1699년(숙종 25)
12월 24일 당시 여섯 살인
왕자 금昑을 연잉군으로 책봉한다
는 내용을 담고 있다.
한국학중앙연구원 장서각 소장

이는 왕자호이다. 왕비 소생의 아들은 '대군大君', 딸은 공주公主'라
칭하였고 후궁 소생의 딸은 '옹주翁主'라 불렀다.

군으로 봉함을 받았다는 것은 임금의 아들로서 공식 인정을 받음
과 동시에 공식적으로 그에 상응하는 대우를 받게 되었다는 뜻이
다. 군이 되면 종친부宗親府에 소속되어 공인으로서의 자격을 갖게
된다. 임금의 친왕자인 대군이나 군은 품계가 없다. 품계를 초월한
존재라는 뜻이다.

연잉군은 종친들 중에서도 대군 다음으로 위상이 높은 친왕자 군
이었다. 숙종 임금에게는 왕비 소생의 자녀가 없었다. 그래서 대군

도 공주도 없었고, 소생은 모두 군 아니면 옹주였다. 이복형인 세자 역시 후궁인 희빈 장씨의 소생이었다. 숙종 임금의 아들 중에는 요절한 사람이 많아서 연잉군이 봉군될 당시에는 후일 경종 임금이 되는 세자와 연잉군, 그리고 이제 막 태어난 연령군 세 형제가 있었다. 연령군은 다섯 살에 봉군封君을 받았다. 친왕자 군 가운데 둘째라는 지위는 연잉궁의 인생을 규정하는 1차 요인이었다.

관례

연잉군은 열 살이 되던 1703년숙종 29 12월 15일에 요화당瑤華堂에서 관례冠禮를 행하였다.[22] 관례는 처음으로 상투를 틀고 관冠, 즉 갓을 쓰는 의식이다. 이제 성인이 되었음을 스스로 자각하고 남들에게 알리는 의식, 한마디로 성인식成人式인 셈이다. 그런데 《국조오례의國朝五禮儀》에는 세자의 관례에 대한 절차 규정은 마련되어 있었지만, 군의 관례에 대한 규정은 없었다. 이에 숙종 임금은 절목節目, 다시 말해 시행 규정을 새로 만들라고 명하였다. 춘추관春秋館에서는 소장하고 있는 실록과 승정원에서 소장하고 있는 《승정원일기》까지 샅샅이 뒤졌지만 결국 왕자의 관례에 대한 기사를 찾아내지 못하였다. 춘추관에서는 강화도에 보관하고 있는 실록을 찾아봐도 있을 것 같지 않으니 예조에서 《오례의五禮儀》와 중국의 《중조회전中朝會典》을 참작하여 새로 마련하는 것이 좋겠다며 도로 예조로 일을 넘겼고, 숙종 임금도 그렇게 하라고 하였다.

일이 이렇게 돌아간 데 대해 사신史臣은 그냥 넘어가지 않았다. 왕자는 신하일 뿐인데 그 문제를 갖고 실록까지 뒤지게 한 것은 지나친 일이요, 처음부터 실록을 참조하지 않게 한 것만 같지 못하다고 비판하였다.[23]

숙종 임금은 예조에서 일차 마련한 절목에 따라 연잉군의 관례를 1703년숙종 29 12월 15일 요화당에서 행하되, 세자의 관례와 비교해 한 등급을 낮추어 빈嬪은 정2품, 찬贊은 종2품으로 차출하도록 명하였다. 빈은 관례를 주재하는 주主이고 찬은 빈을 보조하는 역할이다. 예조에서 절목을 정하면서 전례가 없는 일이어서 세자의 관례에 의거하여 차등을 둔다고 한 것이었지만, 그래도 의전이 너무 높고 세자와 비슷한 것이 많아서 사람들이 매우 해괴하게 여겼다.

판부사判府事 서문중徐文重이 주로 문제를 제기하였는데, 그 요점은 빈과 찬의 품계와 관례를 행하는 장소였다. 찬은 빈을 보좌하는 역할에 불과한데 종2품은 너무 높다는 것이요, 관례 장소로 정한 요화당은 궁궐 안에 있는 건물이어서 마땅하지 않으니 더욱 낮추라는 것이었다. 결국 숙종 임금은 장소는 통화문通化門 안의 동월랑東月廊으로 하고, 빈은 종2품, 찬은 종3품으로 하는 것으로 후퇴하였다. 원래 중국의 전례에 비추어 보면 사제私第, 즉 연잉군 소유의 집에서 해야 하는데 연잉군이 아직 궁궐에 있었기 때문에 이 정도로 타협을 한 셈이다.

예는 참 까다롭다. 장소와 주관자의 품계까지 시시콜콜하게 따진다. 요화당은 창경궁의 북쪽, 후원과 잇닿아 있는 영역에 있는 건물이다. 동궁의 서당書堂인 신독재愼獨齋의 남쪽에 있었다.[24] 이에 비해 통화문은 창경궁의 정문인 홍화문에서 동북으로 가다가 나오는 궁성 문이다.[25] 통화문 안의 동월랑이란 그러니까 궁궐의 가장 외곽 영역인 셈이다. 이에 비하면 요화당은 좀 더 안쪽에 있었다. 안쪽에 있는 요화당에서 하면 격을 상당히 높이는 것인 데 비해 바깥쪽에 있는 통화문 동월랑에서 하는 것은 낮추는 의미가 된다. 연잉군의 관례는 결국 통화문 동월랑에서 하였다.[26]

혼례

연잉군은 관례를 치른 다음 해, 실제로는 두 달 남짓 뒤인 1704년숙종 30 2월 21일에 혼례를 치렀다. 그의 나이 열한 살이었다. 이 내용은 《숙종실록》의 기록이다.[27] 그런데 〈행장〉에는 '아홉 살인 1702년숙종 28에 군수 서종제의 딸과 혼인하여 달성군부인으로 삼았다'고 되어 있다. 두 자료 사이에 혼례 시점이 2년 차이가 난다. 왜 이런 차이가 생겼는지 모르겠으나, 아무래도 당대의 자료를 바탕으로 작성된 《숙종실록》 기사가 옳다고 보아야 하겠다.

신부의 출신 가문의 위세와 장인의 신분은 높다고 할 수는 없었지만, 연잉군과 서종제 따님의 혼례는 도가 넘었다는 평을 들을 정도로 대단히 사치스럽게 치러졌다.[28] 숙종 임금은 자신의 집안, 곧 왕실에 대해서 다소 편벽되다 할 정도로 두둔하고 이익을 챙겨주는 편이었다. 그런 터에 셋밖에 남지 않은 아들 가운데 둘째인 연잉군의 혼례를 호화스럽게 치러주고 싶었을 것이다. 오늘날 관점에서 보자면 그러한 숙종 임금의 태도를 잘했다고 평가하기는 어렵다. 공인인 임금으로서 바람직한 조치는 아니었다. 그렇지만 자연인 숙종으로서는 아들 연잉군에 대한 부정父情의 표현이었다.

연잉군이 혼례를 치르던 날, 야사에서는 방으로 들어온 신부가 첫날밤부터 소박을 맞았던 것으로 전해진다. 신랑이 손을 잡으며 "손이 곱구려" 그랬더니 신부 답하기를 "반가에서 자라서 물일을 하지 않아서…"라고 했더란다. 그 뒤, 신랑은 문밖을 나서고는 다시는 들어오지 않았단다. 영조 임금의 어머니 콤플렉스, 어머니의 신분이 미천한 점을 건드렸다는 이야기이다. 하지만 이런 식의 이야기는 애초에 그 근거를 찾을 수 없으며 사실 여부를 따지는 것 자체가 의미 없는 일이다.

이유야 어떻든, 그 신부인 정성왕후貞聖王后 서씨徐氏 1692~1757는 평생 자녀를 낳지 못하였다. 부부 사이의 금슬도 그리 좋았다고 보기는 어려울 듯하다. 나중에 정성왕후가 돌아갔을 때에야 영조 임금이 〈행록〉을 썼는데, 거기에는 정작 부부 사이의 애틋한 정에 얽힌 이야기는 한 줄도 들어 있지 않았다. 그저 추측일 뿐, 확언하기는 어렵다.

젊은 신부의 한은 남편을 향하였을까, 아니면 남편의 사랑을 빼앗아 간 후실後室을 향하였을까? 아니면 시기심을 금하는 반가의 법

도대로 한을 삭이고 그 마음에서 원망을 지웠을까? 그 마음을 구구
절절하게 적어 남긴 바 없으니 누가 알까? 부부 사이의 금슬이야 어
찌되었든 그 신부는 가례를 치르고 궁궐에 들어온 정식 부인이요,
후일 영조 임금의 정비 정성왕후가 되었다는 사실에는 변함이 없다.

정성왕후 서씨

신부의 아버지 서종제는 신분이 진사進士였다.[29] 진사는 몇 단계를
거쳐야 하는 과거에서 첫 단계인 초시에 합격한 사람을 가리킨다.
말하자면 예비고사 합격에 머물러 있을 뿐, 본 고사를 통과하지 못
하여 아직 관원이 될 자격을 얻지 못한 사람이다. 신부의 부친이 진
사라, 친왕자 연잉군의 장인이 될 사람이 진사라…. 부왕 숙종이 연
잉군을 지극히 사랑하였던 것에 비추어보면 쉽게 납득이 되지 않는
혼처였다.

　1720년경종 즉위 11월 28일 청나라 사신이 와서 임금의 형제 및
종실에 대해서 물었다. 당시 영의정 김창집이 답변하면서 연잉군
을 소개할 때 연잉군의 처를 '돌아간 군수 서종제의 딸'이라고 하였
다.[30] 실제 관직이 군수였는지 아니면 외교상 진사라고 하기는 곤란
하여 군수라고 했는지는 모르겠으나, 뭔가 석연치 않은 점이 엿보
인다.

　서종제는 연잉군이 세제가 된 후에 규례에 따라서 의정議政에 추

증하도록 논의되었고,[31] 영조 임금이 즉위한 뒤에 우의정 달성부원
군達城府院君으로 추증되었다.[32] 하지만 혼인 당시에는 진사였다는 사
실에는 변함이 없다. 이는 서종제가 사회적, 정치적으로 낮은 처지
에 머물러 있었다는 뜻이요, 그 가문의 신분이 그리 높지 못했음을
보여주는 표지이다.

다음 글은 영조 임금이 손수 지은 정성왕후 서씨의 〈행장〉의 일
부이다.[33]

왕후는 임신년1692, 숙종 18 12월 초7일 술시戌時에 가회방嘉會坊의 사제에
서 태어났다. 갑신년1704, 숙종 30에 길례吉禮를 행하고, 달성군부인에 봉해
졌다. 경종 원년元年 신축년1721, 경종 1에 대비의 교지[慈敎]를 받들어 세제
빈世弟嬪으로 책봉되었고, 갑진년1724, 경종 4에 왕비로 책봉되었다. 경신년
1740, 영조 16에 혜경惠敬이란 호를 받고, 임신년1692, 숙종 18에 장신莊愼이란 호
를 더하고, 병자년1756, 영조 32에 강선康宣이란 호를 더하였다. 정축년1757,
영조 33 2월 15일 신시에 창덕궁의 관리합觀理閤에서 흥서薨逝하니 향년享年
이 66세이다. 시호를 의논하여 정성貞聖이라고 정하고, 같은 해 6월 초 4
일에 고양高陽의 창릉昌陵 왼쪽 산등성이 신향辛向의 언덕에 장사 지냈으
니, 바로 명릉明陵의 오른쪽 산기슭이다.

행장의 맨 앞부분에 나오는 이 부분은 정성왕후의 조상들에 관한
내용에 이어지는 부분으로, 정성왕후 일생의 주요 사실을 간추린
것이다. 정성왕후는 영조 임금보다 두 살 위였다. 그는 서울 북촌 한

가운데 있는 가회방에서 태어났다. 우리 나이로 열세 살에 영조 임금과 혼인하였다. 서른에 세제빈, 서른셋에 왕비가 되었다. 예순여섯에 돌아갔으니 그 당시로서는 장수한 셈이다. 그리고 시아버지가 되는 숙종 임금의 능 가까운 곳에 왕릉의 형식을 갖추어 묻혔으니 그 죽음도 그리 초라해 보이지 않는다. 영조 임금은 이어서 그 자신이 갖고 있는 정성왕후에 대한 개인적인 기억들을 적었다.[34]

아! 왕후는 나이 겨우 13세 때에 부왕 숙종의 간택揀擇을 받아 나의 배필이 되었는데, 은혜와 사랑을 가장 많이 받았다. 매번 부왕께 나아가 뵐 적마다 꼭 웃는 낯빛으로 뵈었는데, 이는 곧 내가 직접 본 바이다. 기쁜 얼굴빛과 온순한 자태로 부왕과 모후를 섬겼다. 7년 동안 탕제를 올리며 모셨는데, 오래도록 대궐 안에 있으면서 밤낮으로 게을리 하지 않았다. …

아! 내가 왕후와 한두 살 차이가 있지만, 모두 예순을 넘기고도 위로 여든을 바라보는 자성慈聖을 받들어 모셨으니 지난 기록에서 찾아보아도 드문 일이라고 할 만하다. …

그러나 윗전을 받들어 기쁘시게 하는 일을 하던 나머지 이제는 조용히 돌아가서 영령을 배알拜謁할 터이니 왕후께서 어찌 서러워하시겠는가? 내가 이러한 때에 미리 유택을 정해놓아 능호陵號도 알고 그 오른편에 내 들어갈 자리를 비워두었음을 알 터이니 왕후께서 또 어찌 서운해하시겠는가?

첫째와 둘째 단락은 효성이 지극하여 부왕 숙종과 인원왕후를 잘 섬겼다는 내용이다. 그 내용이야 있는 이야기를 없다고 한 것도 아닐 테고, 역으로 없는 이야기를 있다고 한 것도 아닐테니 그저 그러려니 인정하면 그뿐이다. 그런데 정작 기대되는 이야기, 자신들 부부 사이의 이야기가 전혀 없다. 당시의 통념상 그런 이야기를 쓰기가 겸연쩍어서 그랬는지, 아니면 별반 쓸 이야기가 없어서 그랬는지 궁금하다. 이 문제는 두 분의 내간사요, 영조 임금의 속마음이니 뭐라 말하기가 조심스러우나 아마 후자가 아닐까 싶다.

이런 면에서 윗글 마지막 부분은 다시 한 번 그 속뜻을 새겨볼 필요가 있다. 돌아간 왕후를 향한 남편의 헌사이다. 그래서 번역하면서 존칭으로 바꾸었다. 저 세상으로 가서 조상들을 뵈올 테니 너무 서러워하지 말라고 영혼을 위로하는 말은 남편으로서 저 세상으로 가는 아내에게 하는 말로 별 문제가 없다. 하지만 그 다음 이어지는 말은 어떠한가? 미리 능을 조성하여 능호陵號까지 정했고, 훗날 영조 임금 자신이 돌아가면 그 오른편 자리로 들어가기 위해 미리 능자리를 마련하여 비워놓았으니 그리 아시고 너무 서운해하지 말라는 내용이다. 얼핏 들으면 지극히 절절하게 이생에서의 인연을 저 세상으로 잇기 위한 조치를 충분히 해놓았다는 다짐으로 들린다. 그런데 과연 그렇게 되었을까? 결론은 그렇지 않다.

홍릉

영조 임금이 미리 무덤 자리를 정해놓고 능호도 알고 있다고 말한 그 능은 오늘날 고양시의 서오릉西五陵 가운데 하나인 홍릉弘陵이다. 홍릉은 숙종 임금과 인현왕후 및 인원왕후의 능인 명릉의 서쪽 산기슭에 서향으로 앉아 있다. 외따로 떨어져 있기는 하지만 크게 보면 정성왕후는 살아생전 모시던 부왕과 모후의 능 가까운 곳에 묻힌 것이다. 여기까지는 행장의 내용에 아무런 틀림이 없다.

또 그 홍릉의 오른편을 비워두어 영조 임금 자신이 그곳에 묻히고자 했다는 이야기도 크게 어긋남이 없다. 현재 홍릉은 정성왕후가 묻힌 봉분의 오른편, 그러니까 북쪽에 봉분이 하나 더 들어갈 만한 넓이가 비어 있다. 영조 임금의 말이 허언이 아님을 증명해주는 모습이다. 하지만 마지막 약속, 영조 자신이 그 자리에 묻히리라는 다짐은 지켜지지 않았다. 영조 임금은 오늘날 구리시의 동구릉東九陵 가운데 하나인 원릉元陵에 묻혀 있다. 생전에 미리 자기 묏자리를 정해놓는 경우가 꽤 있지만, 그렇다고 해서 반드시 그 자리에 묻힌다는 보장은 없다. 죽은 이가 스스로 어느 묏자리로 들어가지는 못한다. 죽은 다음에 살아 있는 이들이 하기에 따를 수밖에 없다.

1776년영조 52 3월 6일 영조 임금이 승하한 직후 총호사摠護使를 맡은 신회申晦가 왕세손에게 아뢰기를 "홍릉 오른편 둔덕이 돌아가신 임금께서 매번 마땅하다는 하교를 하셨으니 아마도 명릉의 옛 사례를 따르고자 하신 듯합니다"라고 하였다.[35] 숙종 임금이 인현왕후

서오릉의 홍릉 | 정성왕후 서씨의 무덤이다. 능을 두른 곡장 안 오른편 한 자리가 비어 있다.

곁에 미리 왕릉을 정했다가 묻힌 것처럼 영조 임금도 홍릉 정성왕후 곁에 묻히고 싶어 했을 것이라는 이야기다. 이에 왕세손은 "임금의 뜻이 오로지 홍릉 오른편 둔덕에 있었다"고 인정하였다. 이로 보건대 영조 임금은 부왕 숙종처럼 미리 정해놓은 대로 정성왕후의 곁에 묻히려는 뜻을 갖고 있었던 것은 사실이요, 그 후계자인 왕세손, 곧 정조 임금도 그것을 알고 있었다고 보아야 할 것이다.

그런데 그로부터 한 달 남짓 뒤에 정조와 당시 조정의 주요 관료들은 영조 임금의 능 자리를 옛 영릉寧陵 자리로 정했다.[36] 이렇게 정조 임금이 홍릉 정성왕후 옆자리를 버려두고 새 능 자리를 찾은 이유를 자신의 아버지를 죽인 할아버지 영조에 대한 복수라는 식으로 해석하는 이야기가 요즘 항간에 떠돈다. 하지만 그 속마음이야 아

원릉의 석문인 | 이전 시기의 석문인에 비해서 인체와 얼굴이 매우 사실적으로 묘사되어 있는데, 인상이 얼핏 영조 어진과 닮아 보인다.

무도 모를 일이다.

홍릉 자리가 좋지 않다고 생각했기에 더 좋은 자리를 찾아 그리 되었다고 볼 수도 있다. 사실 홍릉은 보통 남향을 하고 있는 것과는 달리 서향을 하고 있다. 딱히 풍수 관념을 들이대지 않아도 산수의 짜임새가 썩 좋다는 느낌을 주지 못한다. 정조 임금은 물론 다른 관료들도 영조 임금의 능을 다른 곳으로 변경하는 데 별다른 이의를 제기하지 않은 것에는 이러한 사정이 깔려 있는 것이 아닌가 생각된다. 모두들 영조 임금이 정성왕후 곁에 묻히고 싶다고 한 말을 그저 하는 빈말로 여겨 그리 마음에 두지 않았던 것이 아닌가 싶다.

실제 속사정이야 그들의 속마음을 뒤집어보지 않고는 알 수가 없다. 아무려나 결과적으로 정성왕후는 살아생전에 영조 임금의 사랑을 받지 못했듯이 지금도 홀로 홍릉에 묻혀 있다.

영조 임금의 자녀들

정성왕후는 무사無嗣, 다시 말해 후사後嗣가 없다. 단 두 글자 '무사'라는 말에 정성왕후가 평생토록 겪은 아픔이 서려 있으리라 짐작한다. 영조 임금의 자녀는 모두 열두 명으로 아들이 둘, 딸이 열 명이다. 두 명의 정비正妃, 곧 정성왕후만이 아니라 계비인 정순왕후貞純王后 김씨金氏, 1745~1805도 자녀를 낳지 못하였다. 자녀들은 모두 후궁들이 낳았다.

임금의 후궁은 자녀를 낳은 경우에만《선원계보기략》등 왕실 족보에 기재된다. 실록을 비롯한 연대기에는 그 후궁이 연루되어 무슨 문제가 있을 때만 기사에 오른다. 그러므로 실제 임금의 후궁으로 누가 있었는지, 그들이 어떤 사람들인지를 종합적으로 파악하기는 쉽지 않다.

영조 임금의 후궁으로서 자녀를 낳은 사람은 네 명이다. 그 첫 번째인 정빈靖嬪 이씨李氏, 1694~1721는 영조 임금이 연잉군 시절에 그의 후실이 되어 효장세자孝章世子와 딸 둘을 낳았다. 첫 아들은 1719년 숙종 46에 낳았다. 이 첫아들이 경의군敬義君에 봉해졌고, 영조 임금이

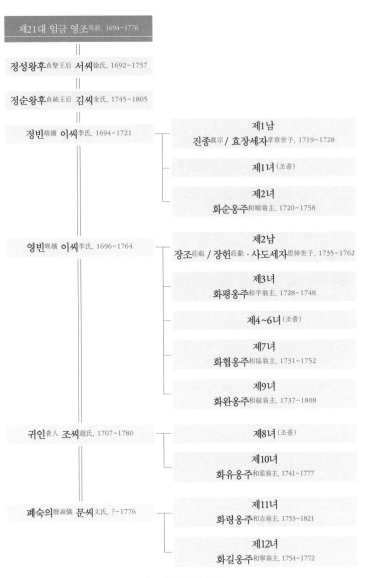

제21대 임금 영조英祖, 1694~1776

정성왕후貞聖王后 서씨徐氏, 1692~1757

정순왕후貞純王后 김씨金氏, 1745~1805

정빈靖嬪 이씨李氏, 1694~1721

제1남
진종眞宗 / 효장세자孝章世子, 1719~1728

제1녀 (조졸)

제2녀
화순옹주和順翁主, 1720~1758

영빈暎嬪 이씨李氏, 1696~1764

제2남
장조莊祖 / 장헌莊獻 · 사도세자思悼世子, 1735~1762

제3녀
화평옹주和平翁主, 1728~1748

제4~6녀 (조졸)

제7녀
화협옹주和協翁主, 1731~1752

제9녀
화완옹주和緩翁主, 1737~1808

귀인貴人 조씨趙氏, 1707~1780

제8녀 (조졸)

제10녀
화유옹주和柔翁主, 1741~1777

폐숙의廢淑儀 문씨文氏, ?~1776

제11녀
화령옹주和吉翁主, 1753~1821

제12녀
화길옹주和寧翁主, 1754~1772

영조 임금의 가족 구성

연잉군 시절

즉위한 뒤에 효장세자가 되었다. 하지만 그는 우리 나이로 열 살이 되던 해인 1728년영조 4에 죽고 말았다.[37]

임금이 되지 못한 채 어린 나이에 죽은 효장세자는 정조 임금이 왕위에 오르면서 임금으로 추숭되어 진종眞宗이라는 묘호를 얻었다. 영조 임금이 생전에 세손에게 왕위에 오른 뒤 그 왕통을 생부인 사도세자가 아니라 효장세자를 잇는 것으로 하라고 신신당부를 하며 못을 박은 터라 정조 임금도 이를 거역할 수 없었다. 이후 고종 임금이 국호를 대한제국이라 하고 스스로 황제가 되면서 자신의 5대 조까지 높여서 황제호를 올렸다. 그 흐름에서 진종 역시 진종소황제眞宗昭皇帝라는 황제호를 얻었다.

정빈 이씨는 경의군보다 앞서 첫째로 딸을 낳았으나, 그 딸은 일찍 죽어서 이름조차 남아 있지 않다. 경의군을 낳은 이듬해, 셋째를 낳았는데 그가 화순옹주和順翁主이다. 정빈 이씨는 연잉군이 왕세제로 책봉되자 세자궁에 속한 내명부 종5품 소훈昭訓이 되었다. 말하자면 궁궐의 정식 여성 구성원이 된 것인데, 그 영화랄 것도 없는 지위를 누려볼 겨를도 없이 1721년경종 1에 스물여덟 살의 나이로 갑자기 죽었다. 영조 임금이 즉위하면서 내명부 정4품 소원昭媛에 추증하였으며, 1725년영조 1에 경의군이 세자가 되자 '정빈'이라는 봉호를 받았다. 정조 임금이 즉위하면서 효장세자를 진종으로 추존할 때 온희溫僖라는 시호를 받고 그 묘는 수길원綏吉園으로, 그 사당은 연호궁延祜宮으로 높여 부르게 되었다. 호칭의 격은 왕비 바로 아래에 해당하는 수준에 이르렀으나 실제 그의 삶은 친왕자 연잉군의

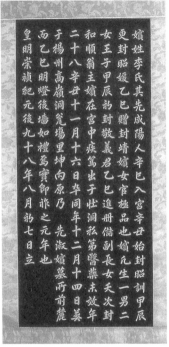

정빈 이씨 묘표의 비문과 음기 탁본 | 1721년(경종 1) 죽은 뒤 4년이 지난 1725년(영조 1)에 정빈으로 책봉하면서 영조 임금 자신이 비문을 써 내렸다. 뒷면에 새긴 음기에는 정빈의 일대기를 적었다. 한국학중앙연구원 장서각 소장

실질적인 첫 부인으로 그쳤다고 해야 할 것이다.

영조 임금의 자녀를 낳은 두 번째 후궁은 영빈暎嬪 이씨李氏, 1696~1764이다. 영빈 이씨는 여섯 살 되던 1701년숙종 27에 궁녀가 되어 궁궐에 들어왔다. 서른한 살 되던 1726년영조 2에 영조 임금의 후궁이 되어 내명부 종2품 숙의淑儀에 올랐고, 1728년영조 4에 귀인,

1730년영조 6에 내명부 정1품 빈으로 올라 '영빈'이라는 빈호를 받았
다. 내명부에 속한 여성으로서는 유례가 없을 정도로 빠른 신분 상
승이다.

영빈 이씨는 1727년영조 3부터 1737년영조 13까지 10년 동안 1남 5
녀를 낳았다. 영조 임금의 셋째 딸이자 영빈 이씨에게는 첫째 딸이
화평옹주和平翁主가 있었고, 그 다음에 낳은 두 딸은 어릴 때 죽었다.
영조 임금의 여섯째 딸이자 영빈 이씨의 넷째 딸이 화협옹주和協翁主,
영조 임금의 일곱째 딸이자 영빈 이씨의 다섯째 딸이 화완옹주和緩翁主
이다. 화협옹주와 화완옹주 사이에 얻은 아들이 사도세자이다.

영빈 이씨는 영조 임금과의 사이에 가장 많은 자녀를 낳았고 향
년 69세로 장수를 누렸다. 그 소생이 세자까지 되었으니 왕실 안에
서나 밖에서나 존귀함도 얻었다고 할 수 있다. 하지만 그의 인생이
겉으로 그렇게 화려해 보이는 만큼 행복하였을까? 인생사에는 겉으
로 드러나는 것만으로는 판단할 수 없는 속내가 있게 마련이다.

영빈 이씨는 영조 임금이 사도세자를 죽이는 데 한몫을 하였다.
어미로서 자식을 죽이는 데 관여하지 않을 수 없는 사정이 있었는
지 그 인간적인 고뇌를 제삼자가 어찌 다 헤아릴 수 있겠냐마는 아
무리 보아도 마땅한 처신은 아니었다. 그러나 정작 사후에는 그 아들
사도세자의 덕을 보았다면 보았으니 참 묘하고도 기구한 사연이다.

대한제국 시절에 사도세자가 장조莊祖로 추존되면서 영빈 이씨의
묘墓가 원園으로 승격되어 수경원綏慶園이라는 원호를 받았고, 시호
를 소유昭裕라 하였다. 그 사당은 처음에는 의열묘義烈廟라 불리다가

의열묘의 '수의보사' 현판 | 1764년(영조 40)에 영조 임금이 영빈 이씨의 사당인 의열묘에 친히 썼다. 영빈 이씨가 사도세자의 비리를 고발한 행위가 곧 의리를 지키고 사직을 보전한 것이라는 뜻을 담고 있다. 국립고궁박물관 소장

1788년정조 12에 선희궁宣禧宮으로 격상되었다. 영빈 이씨는 가장 오랜 기간 영조 임금의 총애를 받으며 파란곡절을 같이한 후궁이었으며, 동시에 인간적으로 가장 극심한 곡절을 겪은 사람이었다.

세 번째 후궁이 귀인 조씨趙氏, 1707~1780이다. 귀인 조씨는 열 살이 되던 1716년숙종 42에 궁녀로 궁궐에 들어왔다가 스무 살이 되던 해인 1735년영조 11에 영조 임금의 후궁이 되었다. 이후 내명부 종2품 숙의에 올랐다가, 1778년정조 2에 정조 임금의 왕명으로 종1품 귀인이 되었다. 딸 하나, 화유옹주和柔翁主를 낳았다.

흔히 문녀文女로 불리는 숙의 문씨文氏, ?~1776가 영조 임금의 네 번째 후궁이다. 1753년영조 29 2월 8일 정4품 소원昭媛이 되었고, 1771년영조 47에 종2품 숙의淑儀에 올랐다. 문씨는 사도세자를 죽게 만든 장본인 중 하나였다. 정조 임금이 즉위하면서 문씨의 작위를 삭탈

하여 사저로 내쫓았다가, 문씨의 죄를 포고하고 도성 밖으로 쫓아
냈다. 영조 임금의 국장이 끝나면서 결국 문씨는 사사되었다. 문씨
는 영조 임금과의 사이에서 화길옹주和吉翁主와 화녕옹주和寧翁主 두
딸을 낳았다.

영조 임금이 즉위하기 전 연잉군 시절과 세제 시절의 부인은 후
일의 정성왕후가 되는 달성군부인에서 세제빈이 되는 서씨였다. 하
지만 서씨는 자녀를 낳지 못하였다. 이 시기 실질적인 부인 노릇을
한 사람은 네 명의 후실 가운데 첫째인 정빈 이씨였다.

3·
창의궁 시절

사제 마련

숙종 임금의 연잉군에 대한 사랑은 각별하였다. 그 마음은 연잉군의 집을 마련해주는 데에서 여실히 드러났다. 연잉군의 혼례를 치른 지 두 달쯤 지난 1704년숙종 30 4월 17일 숙종 임금은 다음과 같은 전교傳敎를 내렸다.[38]

왕자가 집이 있어야 궁궐에서 나가 살 수 있다. 연잉군이 길례를 치렀으나 아직 집이 없다. 요즘 국가에 큰 공역이 이루어지고 있어서 새로 집을 짓기가 어려움이 있으리라 짐작되지만 이 또한 부득이한 일이니 담당 관서로 하여금 집값을 지급해주도록 하여라.

이러한 숙종 임금의 조치에 대해서 실록에는 바로 다음과 같은 비판 기사가 이어졌다.

연잉군의 생모인 숙빈 최씨는 이현에 최고급의 큰 집이 있는데, 임금께서 또 왕자를 위하여 별도로 집을 짓고자 하시면서 조신朝臣들 사이에 말이 있을까 두려워하여 먼저 부득이하게 짓지 않을 수 없다는 전교를 내리시니 온 나라 사람들이 남몰래 탄식하였다.[39]

숙종 임금의 전교는 그 당시에 바로 시행되지는 않았던 듯하다. 숙종 임금은 3년이 지난 1707년숙종 33 8월 29일에 다시 연잉군의 집 문제로 "연잉군이 나이가 들어 이제 궁궐에서 나가야 하는데도 아직 집이 없으니 그와 관련된 일을 담당하는 조曹로 하여금 연잉궁가에 물어보아서 집값을 지급하여 사들일 수 있도록 하라"는 전교를 내렸다.[40]

이 전교를 받고 호조戶曹가 바로 움직였다. 연잉군가에서는 정명공주貞明公主의 옛 집을 사들이고 싶어 했다. 정명공주는 선조 임금과 인목왕후 사이에 태어난 딸로서, 홍주원洪柱元에게 시집갔다. 홍주원과 정명공주의 증손인 홍석보洪錫輔가 호조에 단자를 올려 조상께서 유훈을 내려 팔지 말라고 하였으니 그 유훈을 저버리고 어길 수 없다고 하였다. 이에 숙종 임금은 억지로 사들이는 것은 마땅치 않다고 한발 물러섰다.[41]

연잉군의 집을 마련해주는 문제로 논란이 벌어지고 있는 상황에서 1708년숙종 34 10월 28일에 가서 연령군에게도 집을 마련해주는 문제가 함께 대두되었다.[42] 연령군은 명빈 박씨에게서 태어난 숙종 임금의 막내아들로서 숙종 임금의 사랑을 듬뿍 받았다. 호조에서는 전 내승內乘 구혁具爀의 집인 구씨 가문의 집과 다른 두 집을 더해서 2,260간의 터와 기와집 177간을 합해서 은 3,325냥으로 사들이겠다고 아뢰었다. 숙종 임금은 집값은 전후 사정을 참작하여 낮추어서 마련하라고 하였다.

이에 대해 이틀 뒤 임금이 의정 대신들과 비변사의 당상들을 불러서 회의하는 자리에서 부제학 조태구趙泰耉, 1660~1723가 비판하고 나섰다.[43] 이 자리에서 오간 대화는 숙종 당대 왕자들의 집을 어떻게 마련해주었는가를 이해하는 데에 도움이 되는 자료이다. 그 자리에 참석하여 발언한 사람들의 말을 옮겨 그 속에 담긴 뜻을 살펴보면 다음과 같다. 먼저 처음 문제를 제기한 사람은 조태구이다. 그의 문제 제기는 상당히 깊고 날카롭다.

신이 마침 호조의 문서를 보니까 왕자군의 집을 사들이기 위해서 가격을 정했는데 3천3백 냥에 달한다고 보고하니 가격을 낮추라고 하교하시었다고 합니다. 이는 실로 성상께서 비용을 줄이기 위한 뜻에서 하신 말씀입니다. 하오나 이리저리 흥정하여 줄여 정한다고 해도 그 액수는 거의 3천 냥에 가깝게 되고, 동전으로 환산하면 1만 냥이 넘습니다.

신은 지금이 아주 어려운 때인데 이러한 조치는 적절치 않다고 생각합니다. 충청 감사가 굶주린 백성들을 진휼하기 위하여 2만 냥을 청하였는데 재정이 텅 비어서 이를 들어 주지 못하는 지경입니다. 이러한 터에 한 왕자의 집을 마련하는 비용이 이 정도라면 굶주린 백성들이 듣고서는 '국가가 구렁텅이에 떨어진 백성들을 구휼하지 않고 큰 집을 짓는 데 드는 비용이 1만 냥을 넘는다네'라고 비판할 것입니다. 이리 되면 나라의 체면에 어떠하겠습니까?

또 이 구씨 가문의 집은 인조대왕의 외가로서 인헌왕후仁獻王后 부모의 사당이 있는 곳입니다. 훈척勳戚 가문에서 몇 대에 걸쳐 전해 지켜온 집을 하루아침에 국가에서 매입하여 마침내 그 사당을 옮기는 것이 첫 번째 불가한 이유입니다.

구씨 가문은 인조 임금의 외가, 곧 인조의 아버지로서 추숭된 임금인 원종元宗의 비 인헌왕후의 친정 가문이었다. 숙종 임금 당시 대표적인 훈척 가문이라고 할 수 있다. 인헌왕후는 숙종 임금에게는 고조할머니였다. 고조할머니 부모의 사당을 왕자의 집을 마련한다는 이유로 옮길 수 없다는 주장이다.

왕자의 집이 도성문에 가까이 있게 되는 것이 두 번째 불가한 이유입니다.

구씨 가문의 집은 숭례문을 들어와 도성 중심으로 향하는 곳, 오늘날의 한국은행 자리에 있었다. 도성의 문과 가까운 자리는 그만큼 외부에 쉽게 노출된다. 보안을 유지하기가 어렵다는 뜻이다.

그 집은 시장에 가까워 본래 가격도 매우 높습니다. 줄여서 지급하면 원망을 듣게 될 것이고, 가격을 맞추어 지급하면 3천 냥도 오히려 적다고 할 것입니다. 국가에서 집을 사고자 한다면 어딘들 불가하겠습니까? 꼭 이처럼 편하지 않은 집을 사서 사람들의 뒷공론을 불러올 일이 어디 있겠습니까? 이것이 세 번째 불가한 이유입니다.

교통이 편리하고 큰 시장이 가까이 있기 때문에 집값이 비싸다는 뜻이다.

또 왕자께서 출합할 기일이 아직 멀고, 명빈께는 다른 자제분도 계시지 않으니 명빈궁으로도 왕자의 본 집을 삼아도 마땅한데 어찌 꼭 다른 집을 구하시려 하십니까?

설혹 부득이 별도로 집을 짓는다 해도 지금처럼 재이災異가 크게 닥쳐서 온 나라가 다 굶주리고 있는 때에 집을 지으려고 하는 것은 하늘을 두려워하며 몸과 마음을 닦고 살펴야 하는 뜻에 심히 어긋난다고 하겠습니다. 엎드려 원하오니 밝으신 성상의 정신으로 저의 이 말씀을 받아주셔서 이미 내리신 명령이지만 거두어주소서. 담당관에게 신칙하셔서 한결같이 백성을 구제하는 것을 급하게 여기게 하시는 것이 실로 저의 구구한 소망입니다. 백성이 나라의 근본이니, 근본이 공고하고 나라가 안녕하며, 백성들이 자기가 하는 일을 즐기고 국가가 평안하면 어찌 왕자가 집이 없는 것을 근심하겠습니까?

굶주려 헤매는 백성들이 들으면 우리들은 구제하지 않으면서 집 하나를 짓는 데 만 냥을 넘게 쓴다고 원망할 것이다. 또 지금 사려고 하는 구씨 가문의 집은 인조대왕의 외가, 인헌왕후 부모의 사당이 있는 집이다. 훈척이 여러 대로 전해오는 집인데, 성문과 가까워 보안에 약하고, 시장에 가까워 값이 비싼데 왜 하필 이런 집을 사려고 하는가? 하는 점이 조태구가 제기한 비판의 요지였다. 이에 대해 숙종 임금은 뜻을 굽히지 않고 반박하였다.

궁가宮家를 만들어주는 일을 만약 내가 처음 시작하였다면 부제학이 말한 것이 가하다 하겠다. 그러나 이것은 조종조에서 이미 행한 규정이다. 또 집이 그 크고 작음에 따라서 가격을 높이고 낮추는 것을 어찌 한 가지 예로써 할 수 있겠는가? 이것을 이유로 막으니 실로 뜻밖의 일이다.

왕자에게 집을 마련해주는 것은 역대 임금들도 해오던 일이요, 가격이야 집의 크기에 따라 정해지는 것이니 한 가지 기준으로만 말할 수 없다는 뜻이다. 이러한 숙종 임금의 답변에도 조태구는 주장을 굽히지 않았다.

신이 말씀을 끝까지 올리게 하여주소서. 우리 조종조의 일로 말씀드리건대 신의 선조인 한천위漢川尉 조무강趙無彊은 성종 임금의 부마입니다. 관에서 집을 지어주었는데 그 대지가 4~5백 평에 지나지 않고, 집의 간수도 매우 협소하였습니다. 옛 집이 남아 있어 신도 그 집을 볼 수 있었습니다. 동양위東陽尉 신익성申翊聖의 집 앞에 그 집을 내리누르듯 가까이 있는 집이 있었습니다. 옹주께서 이 때문에 깊이 번민하면서 몇 간짜리 집을 지어서 그 집을 막아달라고 청하였습니다. 선조 임금께서 집을 짓는 것은 허가하지 않으시고 물억새 발 몇 다발을 특별히 내리셔서 차폐하게 하셨습니다. 이는 신이 익히 들어온 바입니다. 조종조의 검소함을 숭상하는 덕이 이와 같습니다. 이 어찌 전하께서 마땅히 본받아야 할 바가 아니겠습니까?

자신의 선조로서 성종 임금의 부마였던 조무강의 경우 집이 매우 작았고, 선조 임금의 부마였던 신익성의 경우에는 앞집에서 내려다보여도 그저 발로 가리는 정도로 검소하였다는 사실을 예로 들어 숙종 임금도 검소함을 본받아야 한다고 주장하였다. 이러한 주장을 당시 영의정이었던 최석정崔錫鼎, 1646~1715도 거들었다.

부제학이 아뢴 바가 실로 절절한 의논입니다. 근년에 연이어 흉년을 맞아 나라의 재정이 다 비었습니다. 왕자의 출합은 몇 년 뒤에 닥칠 일입니다. 비로 왕실 내간內間의 형세가 어떠한지는 알지 못하겠으나 집을 짓는 것은 우선 정지하여도 무방할 듯합니다. 부제학이 아뢴 바를 더욱 깊이 염두에 두시는 것이 마땅합니다.

영의정은 모든 관원들 가운데 가장 정점에 있는 관직이었다. 임금도 영의정의 말은 가볍게 들어서는 안 되었다. 그런 영의정 최석정이 부제학 조태구의 말을 거들면서, 그 근거로 재정의 부족을 꼽았다. 임금으로서도 재정이 부족하다는 데에 대해서 전면적으로 부정할 수는 없었다. 숙종 임금은 앞서 조태구의 비판에 대한 대답과는 상당히 다른 답변을 하였다.

> 집을 짓는 것은 길한 해에 해야 하는데, 내년에 공사를 시작한 뒤에 2~3년이 지나거나 혹은 5~6년에 이르니 형세가 쉽지 않다. 그 자연히 이러한데 집을 비록 사둔다 해도 본래 금년 안에 반드시 짓겠다는 뜻은 아니다. 부제학이 아뢴 바는 그 곡절을 알지 못했다고 하겠다.

재정 문제와 과도한 비용에 대한 반론을 이야기하기보다는 시점을 주된 이유로 꼽았다. 미리미리 준비하기 위함이라는 것이다. 하지만 암만 곰곰이 생각해도 궁색한 답변이라 하지 않을 수 없다. 이렇게 논박과 답변이 반복되는 중에 대사헌 이정겸李廷謙, 1648~1709이 끼어들었다. 대사헌은 사헌부의 장으로서 언관들을 이끄는 위치에 있었다.

> 부제학의 말이 비록 전하의 마음에 딱 들어맞지 않는다 해도 전하께서 위에서 불만스런 기색을 드러내시면 신은 성덕에 흡족하지 않다고 생각됩니다. 다만 이 집은 연잉군에게 집을 주었던 것과는 차이가 있는 데다가 그 집에 비해서 몇백 냥이 더 많습니다. 후일 점차로 가격을 더 주어야 할 폐단 또한 염두에 두지 않을 수 없습니다.

이정겸은 숙종 임금의 답변 태도를 문제 삼으면서 집의 가격이 상대적으로 높은 것에 더하여 후일 더 많아질 것까지 거론하였다. 이에 힘을 얻은 듯 조태구가 다시 말을 보태었다.

만약 3천 냥으로 그 터를 산다고 하면 집을 지을 때는 또 비용이 몇천 냥이 들 것입니다. 어찌 과중하지 않다고 하겠습니까?

이렇게 그 자리에 모인 관원들이 모두 입을 모아 문제점을 지적하자 숙종 임금은 여전히 그들의 주장에 불만을 표시하였다.

연잉군의 집값은 2천 냥이다. 집터와 건물은 차이가 있다. 그래서 값의 많고 적음은 일정하지 않다. 지금 만약 한꺼번에 가격을 지급하면 그 주인이 반드시 장차 원망을 할 것이니 어찌 억지로 정하겠는가? 이 말은 전혀 묘리를 알지 못한 말이다.

지금 연령군을 위해서 새로 사려는 집과 이전에 산 연잉군의 집은 조건이 다르니 단순히 액수만을 비교하지 말라는 뜻이요, 또 나중에 추가 비용이 들어가는 것도 어찌할 수 없다는 뜻이다. 그러면서도 그대로 밀고 나가지는 못하였다. 결국 구씨 가문의 집을 사는 일은 유야무야되고 말았다. 아무리 임금이라 하더라도 고위 관료들이 다 같이 반대하는 일을 끝까지 관철시키지는 못하였던 것이다.
하지만 숙종 임금이 연령군에게 집을 사주려는 의지를 포기한 것

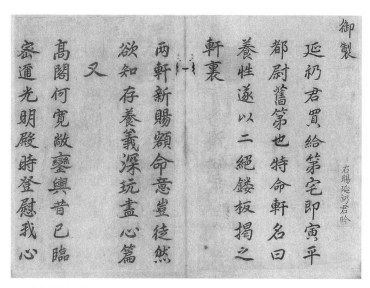

御製

延礽君買給第宅即寅平
都尉舊第也特命軒名曰
養性遂以二絕鏤板揭之
軒裏

右賜延礽君吟

兩軒新賜額命意豈徒然
欲知存養義深玩盡心篇

又

高閣何寬敞鑾輿昔已臨
密邇光明殿時登慰我心

숙종 어제 사연잉군시 | 1712년(숙종 38) 숙종 임금이 아들 연잉군에게 집을 사주고, 그 건물에 양성헌이라는 이름을 지어주면서 오언절귀五言絶句 두 수를 지어 내렸다. 경기도박물관 소장

은 아니었다. 숙종 임금은 두 달 뒤인 1708년^{숙종 34} 12월 결국 옛 정명공주의 집, 풍산 홍씨 가문의 집을 사들이게 되었다. 애초에 연잉군에게 사주려다가 그만둔 집이었다. 그 집을 사들이는 과정에 대한 기록은 찾기 어렵다. 다만 일이 마무리 된 뒤, 그에 대한 교리^{校理} 오명항^{吳命恒, 1673~1728}의 상소와 이에 관한 숙종 임금의 답은 저간의 사정과 그들의 생각을 잘 드러내준다.[44] 오명항의 상소는 언관의 말이니만큼 그 내용이 자세하고 간곡하다.

신이 듣건대 후궁은 집을 갖고 있으며 왕자도 또 새집 한 채가 있다고 하

는데, 이제 다시 집을 건축하신다고 합니다. 후궁의 집은 비록 내수사
內需司에서 건축해 세우고 호조에서 경비를 내지 않았다고 하지만, 궁중
宮中과 부중府中이 일체一體이어서 본시 내외의 구별이 없습니다. 어찌 반
드시 호조에서 경비를 내게 하여 별도로 집을 짓고 거듭 지은 뒤에야 그
만두려고 하십니까? …

대저 자식을 사랑해서 그가 부유富裕하기를 원하는 것은 진실로 부모父母
의 마음에서 나온 것입니다. 그렇지만 사치하면서 돌이켜 수양하지 않
는다면 어느새 천리天理의 정도正道를 잃게 됩니다. 옛사람이 이른 바 '자
식에게 황금을 광주리에 가득하게 주는 것이 자식에게 한 권의 경서經書
를 가르친 것만 같지 못하다'고 한 것은 진실로 격어格語입니다. …

이제 전하께서 두 왕자를 위하여 집을 마련하고자 하시면 어느 정도 규
모를 갖추어 주면 됩니다. 어찌 꼭 가장 좋은 집을 넓게 차지하여 일욕逸慾
을 조장하셔야 하겠습니까? 가산家産을 갖추어 주는 것은 쓰는 데 부족함
이 없을 정도면 됩니다. 어찌 꼭 여러 곳에 토지를 나누어 주어서 백성들
과 이익을 다투게 하십니까?

진실로 원하오니 전하께서는 두 왕자에게 집을 사주라는 명령을 특별히
중지하소서. 물품을 하사하고 공급하는 일들은 각별히 절약하도록 하여
규정된 바를 넘지 않게 하소서. 항상 가르치고 경계하는 방도를 생각하
시어 공경하고 검약儉約하는 효과가 있도록 하신다면 더 큰 소원이 없겠
나이다.

숙종 임금이 답하였다.

상소하여 따진 바가 간곡하고 지극하여 매우 가상嘉尙하게 여기노라. 하지만 왕자에게 집을 사서 주는 것은 예부터 내려오는 규정이다. 중지하기를 요청하는 말에 대하여 나는 그렇게 여기지 않는다.

언관의 말을 싹 자르지는 않았으나, 결국 임금 자신의 뜻을 굽히지 않았다. 왕조 국가에서 임금에 대하여 이렇듯 바른 말을 할 수 있다는 것이 놀랍다. 임금이 이러한 따가운 비판에 대해서 빈말일지는 모르겠으나 '간곡하고 지극하다'고 답한다는 것 또한 취하기 쉽지만은 않은 태도라고 할 수 있다. 이 기사가 담고 있는 당대 언론의 엄정함이 무겁게 전해온다. 그러나 임금으로서 비록 일보 후퇴하기는 하였지만 연잉군, 연령군 두 왕자에게 집을 사주는 일을 결코 포기하지 않았다. 왕자들은 부왕의 날개 아래에서 특권을 얻어 행사하였다.

창의궁 출합

임금이 되는 가장 전형적인 과정은 임금과 왕비 사이에서 맏아들로 태어나 궁궐에서 살다가 세자로 책봉되어 훈련을 받고, 부왕이 승하하면 왕위를 이어받는 것이다. 하지만 이러한 전형적인 과정을 밟은 임금은 많지 않다. 맏아들이 아니거나 후궁 소생인 경우가 대부분이었다. 그런데 그런 과정을 거친 임금이라도 모두 궁궐 밖에서 살아본 경험을 갖지는 않았다.

조선왕조에서 그런 임금들이 적지 않지만, 영조 임금을 전후해서는 없다. 증조부인 제17대 효종 임금에서 5대손인 제24대 헌종 임금까지는 모두 궁궐을 벗어나서 살아본 경험이 없다. 오직 영조 임금만 궁궐 밖에서 살아본 경험을 가졌다. 이 경험이 영조 임금을 이해하는 데 빼놓을 수 없는 요소라는 점을 주목해야 한다.

1711년^{숙종 37} 11월 25일 연잉군의 출합 날짜를 그 이듬해 정월 25일로 정했다.[45] 그러나 예정보다 조금 늦은 1712년^{숙종 38} 2월 12일 궁궐을 나와 자신의 집인 사제로 들어갔다. 1711년부터 여러 차례 출합 날짜를 잡았었는데, 꼭 그 날짜가 다가올 때면 숙종 임금이 날을 뒤로 미루라며 급작스런 명을 내리곤 했다. 그러던 끝에 드디어 연잉군이 출합하게 된 것이다.[46] 숙종 임금이 왜 그렇게 자꾸 기일을 늦췄는지에 대해 알 수 있는 방법은 없다. 다만 연잉군을 조금 더 가까이 두고 싶어서 그러지 않았을까 추측할 뿐이다.

궁궐을 나와서 갔다는 '자기 집'이란 훗날의 창의궁彰義宮을 가리킨다. 창의궁은 연잉군이 영조 임금으로 즉위하면서 그 잠저에 붙인 이름이다.[47] 즉위 초에 영조 임금은 왕자나 옹주가 새로 태어나면 그들에게 새로 토지와 주택을 하사해야 하는데, 그렇게 하려면 토지와 주택이 더 필요한 문제가 따르는 것을 염려했다. 그래서 자신이 임금이 되기 전 살던 창의궁을 그 창의궁이라는 이름으로 부르지 말고, 누구의 신주를 모시는 사당으로 쓰면서 그 제사를 모시는 사람이 들어가도록 하는 것도 못할 바 없겠다고 했다. 그러나 대신들은 그렇게 하는 것은 마땅치 않다고 여겼다. 그래서 사당은 별도로 건립하여 신주를 봉안하고 이 창의궁은 마땅히 왕자궁으로 삼아서 창의궁이라는 이름을 떼고서 필요한 왕자나 옹주에게 줌으로써 새로 주택을 짓는 폐단을 줄이려고 했다. 그럴 때까지 이 창의궁 건물은 내시가 지키게 하도록 승정원에서 내수사內需司에 분부를 내리는 것이 좋겠다고 하였다. 아무튼 그곳은 영조 연간에도 창의궁으로 불리면서 이런저런 용도로 사용되었다.[48]

애초에 그 집은 앞서 보았듯이 숙종 임금이 우여곡절 끝에 연잉군에게 내린 것이다. 숙종 당대에는 임금의 친필[宸翰]을 봉안奉安하고, 또 영조 임금의 생모 숙빈 최씨가 살기도 하였다.[49] 연잉군이 출합하여 그곳으로 들어가 살면서 연잉군의 집이 되었다.

연잉군은 1712년숙종 38 열아홉 살이 되던 해에 창의궁으로 나간 뒤 1721년경종 1 스물여덟 살에 왕세제가 되어 궁궐로 들어올 때까지 10년을 그곳에서 살았다. 연잉군에게 창의궁 시절은 진정 원숙한 어른이 되는 시기였다.

창의궁을 향한 그리움

창의궁은 영조 임금에게는 아주 편안한 장소였기에 임금이 된 뒤에도 그곳을 그리워하며 자주 들렀다. 재위 27년 되던 해인 1751년 5월에는 그곳에 가서 쉬고 싶어 했다. 이때 임금의 몸이 편찮아서 29

일 약방藥房, 즉 내의원에서 대전에 들어가 진료를 하였는데 임금과 약방 도제조 김약로金若魯, 1693~1753가 대화를 나누었다.[50]

영조 임금 | 내가 일찍이 구궁舊宮에 돌아가 쉬려는 생각이 있었는데 아직 그 뜻을 이루지 못했다. 지금 만약 내가 돌아가 쉬게 된다면 내 마음이 편안해지겠다.

김약로 | 여러 대신들이 모두 창의궁이 불편한 점이 없지 않다고들 말합니다.

영조 임금 | 불편한 것이 무엇인가?

김약로 | 중궁전을 비롯한 왕실의 여러 분들이 따라갈 형편이 되지 않고 제반 절차가 따라서 불편한 점이 많습니다.

영조 임금 | 옛날에도 행궁行宮이 있었는데 이 일이 왜 어려운 일이 되는가?

김약로 | 여러 사람이 이런저런 말을 하는 가운데 창의궁에 문제가 있다고 하기도 하고, 혹은 그곳에 사당이 있기 때문에 문제가 된다고 하기도 합니다.

영조 임금 | (노하여) 이것이 어찌 글을 읽은 사람이 입에 담을 말인가? 이것이 누구의 말인가?

김약로 | 원경하元景夏의 말입니다.

영조 임금 | 글을 읽는 선비가 어찌 이처럼 세속에서 꺼려 하는 말을 입에 담는가? 참으로 근거가 없는 말이다.

이러한 대화 끝에 바로 원경하를 중도부처中道付處하도록 명하였다. 중도부처란 유배를 보내다가 목적지까지 가기 전에 중간에서 머물게 하는 벌이다. 그 중간 지점이 공주목公州牧으로 지정되었다. 당시 김약로는 좌의정이었다가 판중추부사判中樞府事로 반걸음 물러나 있는 상태였다. 판중추부사는 중추부中樞府의 종1품 관직이나 별다른 직무는 주어지지 않는 서반직西班職으로서 예우직인 셈이었다. 그렇지만 이때 김약로는 약방 도제조를 맡고 있었다. 약방 도제조는 영의정이 맡는 자리였다. 실제로는 영의정에 준하는 역할을 하고 있었던 셈이다. 당시 원경하는 우참찬右參贊이었다. 우참찬은 의정부의 정2품 관직이다. 결과적으로 의정부의 영의정에 준하는 몫을 담당하고 있던 김약로가 의정부 우참찬 원경하를 고자질한 것처럼 되었다.

영조 임금이 구궁, 다시 말해 자신의 잠저인 창의궁에 가서 쉬고 싶다고 한 데 대하여 반대하였다고 이런 벌까지 내리다니. 무슨 다른 이면이 있을지 따져보아야 하겠지만 일단 문맥만 보면 지나친 조치임이 확실하다. 그만큼 영조 임금은 자신이 젊은 시절 살던 그곳을 그리워하고 그곳에 가고 싶어 했다. 창의궁은 영조 임금에게는 집이자 마음의 안식처였던 곳이다.

1774년영조 50에 영조 임금은 창의궁을 기리는 시를 남겼다.[5] 영조 나이 여든한 살, 즉위 50년으로 승하하기 2년 전이다. 노년의 임금이 죽음을 얼마 남기지 않은 시점에 젊은 시절 살던 집을 그리워하며 지은 셈이다. 그 시는 형식도 특별하고 거기에 담긴 감상도 절절하다.

어제창의궁 / 御製彰義宮

창의궁 그 어떠한 곳인가? / 彰義宮 其雖然

어의궁과 같다고 어찌 감히 비교하랴? / 於義同 何敢比

용흥궁이라고 칭하기에는 나의 덕이 빈약하다. / 稱龍興 況凉德

어필을 걸었으니 감히 만에 하나 감당할까? / 揭御筆 敢萬一

그곳은 장의동이라 다섯 사당을 품고 있다네. / 洞壯義 備伍宮

양성헌과 일한재는 / 養性軒 日閑齋

부왕께서 하사하신 이름이요, 곧 나의 호가 되었네. / 卽賜名 是予名

일청헌과 거려사는 / 壹淸軒 居廬舍

몇 년을 받들었나? 이안와 / 奉幾年 易安窩

함일재는 마음을 다스리라는 이름이라. / 咸一齋 治心名

옛날부터 있었던 이름이요, 또한 나의 부탁인저. / 自古有 亦予命

갑오년 1774, 영조 50 음력 7월 하순 / 歲甲午朔凉月下瀚

  우선 한시의 형식이 특이하다. 보통 한시는 네 글자나 다섯 글자, 혹은 일곱 글자가 한 귀를 이루어 4행이나 8행으로 이루어져 있다. 그런데 이 시는 세 글자가 한 귀를 이루고 두 귀가 한 행을 이루어 모두 12행이다. 세 글자로 한 귀를 이루다 보니 뜻이 잘 연결되지 않는 부분이 있다. 게다가 건물 이름을 비롯하여 별궁 이름 등 고유명사가 많아서 더욱 그렇다.
  우선 첫 행에서 창의궁은 앞에서 말한 바 영조 임금의 잠저이다.

창의궁 '건구고궁' 현판 | 영조 임금이 1730년(영조 6) 자신의 잠저 창의궁의 중심 건물에 써서 달았다. 건구乾九는《주역周易》을 빌어서 자신이 임금이 되기 전 이곳에 살다가 임금이 되었음을 표현한 것이다. 국립고궁박물관 소장

둘째 행에서 '어의'는 효종 임금의 잠저로 조선 중기 이래 조선 왕실의 대표적인 별궁의 이름이다. 다섯 째 행의 '장의동'은 백운동천의 상류 지역 이름이다. 일곱째 행의 '양성헌'과 '일한재'는 창의궁에 있던 건물 이름이다. '양성헌'은 숙종 임금이 내려준 이름으로 영조 임금의 호로 쓰였다. 아홉째 행의 '일청헌'과 '거려사', 열째 행의 '이안와', 열한째 행의 '함일재' 모두 창의궁에 있던 건물 이름으로 읽힌다.

오늘날 우리 눈에는 모두 낯선 이름들이다. 이런 이름들로 가득 찬 시에서 어떤 감흥을 받기 쉽지 않다. 하지만 오래 고향을 떠났다가 늙어 돌아와서 자기 살던 마을, 자기 살던 집이 그대로 있어 돌아본다고 생각해보라. 어찌 감흥이 일지 않겠는가? 하물며 여든한 살, 이제 살날이 얼마 남지 않았음을 느끼지 않을 수 없는 나이에 이른 노인. 게다가 50년이나 왕위에 있던 임금. 그런 사람이 자기가

젊었을 때 살던 곳에 와서 그 건물의 이름을 하나하나 불러가며 그 내력을 회고하는 장면을 머릿속에 그려보시라. 어찌 감흥이 일지 않을까? 비록 남의 감흥일지라도 공명을 하지 않을 수 없다.

이후 창의궁에는 임금이 되지 못하고 죽은 세자들의 사당인 효장묘孝章廟와 문희묘文禧廟가 들어서기도 하였다가 1908년에 폐궁되었다. 그 뒤, 그 자리에 진명여고가 세워졌다가 이전한 후 주택가로 변하였다. 그곳에는 천연기념물 제4호로 지정된 백송白松이 있었다. 적어도 창의궁 시절부터 그 집안에 있었을 나무로 짐작된다. 백송은 중국에서 들여온 수피樹皮가 흰 소나무로서 조선시대에는 귀한 나무로 여겼다. 우리나라에서 가장 오래된 백송으로, 둥치가 둘이 올라가 장한 모습을 자랑하였으나 1990년 7월 돌풍에 넘어져 죽고 지금은 둥치 부분만 겨우 남아 자리를 지키고 있다. 그리하여 오늘날 창의궁의 흔적은 찾아보기 어렵게 되었다.

아버지로서 쓴 행록

연잉군은 창의궁에 살던 시기에 딸 둘과 아들 하나를 얻었다. 셋 모두 정빈 이씨에게서 태어났다. 첫 딸은 어려서 죽었기 때문에 이름조차 없고 언제 태어나서 죽었는지 기록을 확인할 수 없다. 둘째로 얻은 아들이 효장세자인 진종이요, 셋째로 얻은 딸이 화순옹주이다.

오늘날이야 그렇지 않겠지만, 얼마 전까지만 해도 아들을 선호한 것은 부정할 수 없는 사실이다. 더구나 부계를 친계親系로 여겨 그 계통으로 가문이 이어진다고 여겼던 조선시대야 더 말할 나위 없다. 여성들이 어느 가문으로 시집을 가서 아들을 낳지 못하면 큰 죄를 지은 듯 부담을 느껴야 했으니, 그들에게 아들을 낳는다는 것은 시가에서 또 사회적으로도 자신의 지위를 확보하는 계기였다. 좋아하지 않을 수 없는 일이었다. 남성들도 여성 못지않았다. 보통 남자들은 자녀, 특히 아들을 낳으면 처신과 언행에 변화가 나타난다. 비로소 어른이 된다. 특히 임금들을 보면 자신감이 생기고 다른 한편으로는 그것이 고집이나 추진력으로 나타나는 것을 기록 속에서 어렵지 않게 확인할 수 있다.

임금도 아니고 세자도 아닌 임금의 아들로서 궁궐 밖에 나와 사는 연잉군이었지만 첫아들을 낳고는 어찌 천하를 얻은 듯한 감격을 느끼지 않았을까? 그 첫아들은 1719년숙종 45 2월 15일에 태어났고, 1724년경종 4에 경의군으로 군호를 받았고, 1725년영조 1에 왕세자로 책봉되었다. 아홉 살이 되는 1727년영조 3에 입학하고 관례를 행하였으며, 어의동於義洞 본궁本宮에서 조문명趙文命의 따님과 혼례를 행하였다. 하지만 애석하게도 그만 열 살이 되던 해인 1728년영조 4 11월 16일에 창경궁 진수당進修堂에서 별세하였다.

아버지 영조 임금은 손수 죽은 아들의 행록을 지어서 승정원에 내렸다. 아버지로서 아들의 행록을 쓰는 마음은 또 어떠하겠는가? 아프고 쓰린 마음으로 쓴 그 글에는 아들에 대한 절절한 사랑이 배어 있다.[52]

세자의 휘諱는 행烆이고, 자字는 성경聖敬이다. 기해년1719, 숙종45 2월 15일 신시申時에 순화방順化坊 창의궁 사제에서 태어났다.

임신하였을 때에 꿈에 상서로운 새들이 그 방에 모인 것을 보았고 다시 금색 거북이를 보았는데 곧 정빈 이씨가 이 아이를 낳았다. 몇 살 되지도 않았는데 마치 어른 같이 행동거지가 여느 아이들보다 뛰어났다. 신축년1721, 경종1 가을에 내가 세제世弟가 되어 궁궐에 들어올 때에 세자는 나이 겨우 세 살의 어린 나이여서 함께 궁궐로 데리고 들어오지 못하고 우선 사제에 머물게 하였다. 그랬더니 세자는 놀다가, 또는 자고 일어나면 자주 아버지를 부르고 그렇게 계속 부르다가 지쳐 흐느껴 우는 적이 많았다. 부모를 효성으로 섬기는 마음이 천성에 뿌리를 두고 있기에 그러했을 것이다. 그해 겨울 궁궐에 들어온 뒤로 왕대비와 대비 양전兩殿을 모실 때에는 무릎 꿇고 바로 앉아 묻는 말에 대답하는 것이 소리가 반향하듯 하니 왕대비, 대비, 왕비 삼전三殿에서 특별히 사랑하였다. 갑진년1724, 영조 즉위 겨울에 처음 경의군敬義君에 봉하였고, 을사년1725, 영조1 봄에 세자로 올려 봉하였다. 그때 나이가 겨우 일곱 살이었으나 조정에서 책봉례를 행하고 동궁 정당正堂에서 하례賀禮받을 때에 움직이고 멈추고 빙 돌고 하는 것이 예절에 맞지 않음이 없었으니 이는 본성이 그러하여 겉으로 드러난 것이지 어찌 평상시 가르쳐서 그렇게 되었으리요? …

《효경孝經》을 강독講讀하기를 마치고 내 앞에서 전강할 때에 내가 효란 어떤 것이냐고 물었다. 세자가 대답하기를, '어버이를 섬김에 도리를 다하는 것이 효입니다'라고 하였다. 그 요지를 정확히 아는 것이 이러하였다. 서연書筵이나 소대召對할 때에 동궁의 관원이 아뢴 것이 혹 잘못이 있거나 또는 진달한 것이 전에 강독한 것이면 그 서연을 마친 뒤에 좌우 사람들에게 묻기를 '앞뒤 궁관의 말이 어찌하여 서로 어긋나는가? 또 진달한 것은《효경》어느 장章,《소학小學》어느 편篇에 실려 있는 것이 아닌가?' 하였다. 그 마음을 쏟아 듣고 늘 유의하였음을 알 수 있다. …

정미년1727, 영조 3 봄에 성균관에 나아가 공자님을 전알展謁하고 입학하였고, 그해 가을 9월에 관례를 행하였으며, 또 그 달에 초례醮禮를 행하였다. 그때 아홉 살이었는데 강독하는 소리가 맑고 명랑하며, 움직이고 멈추는 예절이 어른처럼 의젓하였다. …

그 임종 때에 내가 내 얼굴을 그 얼굴에 대고 나를 알겠느냐고 부르자 희미하게 응답하는 소리를 내며 눈물이 뺨을 적셨다. 절절한 효심이 그 스러지는 숨길 가운데서도 없어지지 않았구나.

아! 아프다. 무신년1728, 영조 4 11월 16일 해시亥時에 창경궁의 진수당進修堂에서 훙서薨逝하니 수壽는 겨우 열 살이고, 세자 자리에 있었던 것이 겨우 2년이다. 아! 나의 이 작은 덕으로 믿는 바는 오직 맏아들이요, 후계자인 그였다. 그 성품이 또 이와 같이 좋으니 우리나라의 만년을 이어갈 복이려니 했는데, 어찌 나이 겨우 열 살에 이러한 지경에 이를 줄 알았겠는가? 종사를 생각하면 이 아픔 또한 누르기 어렵도다. …

믿기 어렵거나 믿어도 그만, 아니어도 그만인 내용들과 효성이 지극하다느니, 선생님을 잘 모셨다느니, 행동거지가 의젓하다느니 하는 내용들을 반 이상 추려내고 비교적 사실적인 내용을 남긴 것이다. 스물여섯, 당시로서는 늦은 나이에 창의궁에서 아들을 얻고,

스물여덟에 왕세제가 되어 어려운 곡절을 겪고 나서 서른하나에 즉위하여 그 아들을 세자로 삼아 든든히 여기며 이제 무엇을 좀 해보려던 나이 서른다섯에 열 살된 아들을 잃고 쓴 글이다. 얼굴을 부비며 나를 알아보겠느냐고 부르는 그 마음이 절절하다. 그때 흐른 눈물은 스러져가는 세자의 눈물인지, 아버지 영조 임금의 눈물인지….

　영조 임금은 효장세자의 상을 치른 뒤에 그 사당을 창의궁, 그 가운데서도 부왕 숙종이 이름을 붙여준 건물 양성헌에 설치하였다.[53] 이후 영조 임금은 어머니의 사당인 육상묘毓祥廟와 창의궁에 설치한 세자의 사당 효장묘孝章廟에 가끔 들렀다.[54] 창의궁은 그렇게 영조 임금이 연잉군 시절 아들을 얻은 꿈의 공간이라면, 또 나중에는 그 아들의 신위를 모신 아픔의 터이기도 하였다.

시문

창의궁 시절은 연잉군에게는 자녀를 얻고 어른이 된 것만이 아니라, 학문을 연마하고 성인으로서 인격이 형성된 시기였다고 할 수 있다. 역대 임금들이 지은 글을 모아놓은 《열성어제列聖御製》에 당연히 영조 임금의 글들이 많이 실려 있다. 그 가운데 창의궁 시절의 것으로 판단되는 글들도 많지는 않지만 몇이 있다. 대부분 시로서 자신의 삶을 읊은 것들이다. 그 가운데 하나를 감상해 보자.

양성헌 팔영 / 養性軒八詠[55]

1 서편 인왕을 보니 / 西望仁王

누각에 기대어 바라본 저 곳. / 依閣遙望處

인왕이 손가락 가는 거기 있네. / 仁王指覰間

연기인지 구름인지 모를 그 사이에 얼핏. / 焂忽烟靄裏

저 산은 예나 지금이나 아무 생각이 없나 보네. / 山意古今閒

2 뜰 앞 대나무 / 庭前脩竹

뜰 앞에 수북한 대나무 / 猗猗庭前竹

어찌 사시사철 푸르기만 한가? / 如何四節青

홀로 바람서리 두려워 않고 / 風霜獨不畏

우뚝 우뚝 장하기만 하다. / 長立復亭亭

3 난간에 기대어 등불 구경 / 倚檻觀燈

난간에 기대어 시가를 바라보니 / 倚檻通望裏

집집마다 곳곳마다 등불로 가득. / 家家處處燈

별빛도 그곳으로는 미치지 못하고 / 星光亦不及

저 하늘에서만 총총 빛나고 있다. / 閃爍復層層

4 겹구름 속 백악 / 北岳層雲

백악은 높이 하늘에 닿았는데 / 白岳徹九霄
겹겹 구름은 몇만 겹인지? / 層雲幾萬重
한 봉우리 깎은 듯 솟아올라 / 一峰如削立
그리려 해도 뵈질 않네. / 寫出亦難容

5 연못 물고기 / 觀魚池塘

무료하게 초가집에서 지내는 날 / 無事草堂日
물고기 낚다가 해가 기운다. / 釣魚到夕陽
물인지 하늘인지 모르겠는데 / 水天同一色
맑은 흥취는 넘실넘실. / 淸興復洋洋

6 농암의 저녁 연기 / 農巖暮烟

단풍 국화는 가을색 물들어 / 楓菊帶秋色
눈 들어 사방을 보니 온통 가을색. / 遙看處處同
어둑어둑해 돌아오는 길 / 蒼然回首處
농암 골짜기 저녁 연기에 잠겼네. / 巖壑暮烟中

7 누 위에 올라 달과 놀다 / 登樓翫月

자줏빛 거리에 금빛 바람 부니 / 金風吹紫陌
이날이 바로 좋은 날이로세. / 正是屬佳辰
술병 차고 높은 누각 오르니 / 携酒臨高閣
찬 달 속의 두꺼비 새 빛을 토하네. / 寒蟾吐色新

8 그윽한 집 설매 / 幽軒雪梅

봄기운 좋다고 누가 그랬나. / 春色雖云好
나는 변함없이 눈 속의 매화가 좋더라. / 我常愛雪梅
집 안에 들어앉아 게으름을 부렸더니 / 幽軒閒暇日
매향이 몸을 숨겨 온 집안을 점령했네. / 馥馥暗香來

문학에 문외한인 나로서는 위 시들의 문학적 수준까지는 잘 모르
겠다. 그런 터에 번역을 한다는 것이 가당치 않은 일이나, 일단 시들
에 담겨 있는 정보를 찾아보는 데에 초점을 맞추어보자.

우선 위 시들의 주 배경이 연잉군이 살던 창의궁 안의 양성헌이
라는 점이 제목에서 확인된다. 그 양성헌의 곁에는 누樓와 각閣을 함
께 갖춘 건물도 있어서 인왕산도 보이고 백악도 보이며 서울 장안
시가지도 보였나 보다. 또 집 안에는 초가집도 있고 연못도 있으며
대나무와 매화나무도 있었다. 평범한 주택이 아니라 건물과 조경을

창의궁 '구저회갑' 현판 ㅣ 1772년(영조 48) 영조 임금이 자신의 잠저 창의궁에 들어가 산 지 60주년이 되었음을 기념하여 썼다. 국립고궁박물관 소장

잘 가꾼 고급 주택이었음을 알 수 있다. 그런 곳에서 연잉군은 가끔 집 밖으로 나가 인근의 경승지나 아는 이들의 집으로 놀러 다니기 도 하였다. 그중 대표적인 곳이 창의문 아래 안동 김씨 가문의 터전 인 농암農巖이었던 듯, 농암이 시 속에도 등장한다. 그렇게 사시사철 풍광의 변화를 즐기며 유유자적하는 것이 친왕자 연잉군의 소일거 리였다. 창의궁에서 연잉군의 삶은 그러했으리라 짐작한다.

　관직에 나아가야 할 부담이 없고, 먹고 사는 문제로부터도 벗어 나 있는 종친 가운데서도 친왕자 연잉군이 마음을 기울이는 분야는 문학이었을 것이다. 그 당시 문학은 양반 신분 이상의 글을 배운 사 람들이라면 누구나 갖추어야 할 기본 소양이었으니 연잉군이 시를 지은 것은 특별할 것도 없다.

그림 안목

연잉군에게 특별한 소양이라 하면 예술, 그중 그림에 대한 조예를 갖고 있었다는 점을 꼽을 수 있겠다. 연잉군은 약관의 나이에 이미 그림에 대한 조예를 널리 인정받았다는 기사가 눈에 띈다.

> 도감都監 제조提調 이이명李頤命 등이 여러 화사畵師를 인솔하고 입시入侍하여 생사 바탕의 새 그림본의 어용御容 위에 채색을 하였다. 이이명이 상주上奏하기를 "화사의 말을 들으니 연잉군이 그림의 이치에 대해 꽤 이해하고 있다 합니다. 마땅히 연잉군에게 내어다 보이도록 해야 합니다" 하였다. 드디어 임금의 승낙을 얻어 연잉군도 그림 그리는 데 들어가 참여하였다.[56]

여기서 말하는 도감은 숙종 임금의 어용을 그리는 일을 맡은 도감이었다. 이보다 이틀 전인 4월 11일에 화사 진재해秦再奚가 초본草本을 그렸고, 이날 그것에다가 채색 작업을 하려던 차였다.[57] 많은 화사와 화원이 동원되었고, 도감의 당상과 낭청도 참여하여 그림이 잘되었는지를 살펴보는 가운데 연잉군도 한자리 참여하게 배려한 정도였다. 하지만, 그래도 젊은 연잉군이 그림에 대해 조예가 있음이 인정되지 않았다면 그냥 지나갈 일이었다. 만약 연잉군이 임금이 되지 않았다면 당대 화가들을 지원하여 그림을 그리게 하는 역할을 하는 등 당대 문화예술의 중심 후견인이 되지 않았을까?

이러한 가정은 전혀 가능성이 없는 말은 아니다. 조선 초기부터 종친들은 관직에 나아갈 수 없었다. 왕실 종친들이 임금과 결탁하여 권력을 장악하는 것을 방지하려는 뜻에서 마련한 관행이요, 법제였다고 할 수 있다. 또한 종친들은 임금으로부터 견제를 받았다. 임금의 권력에 도전할 잠재적 존재로 보았기 때문이다. 종친들은 도성 밖으로 나가서 살 수도 없었다. 그러니 종친들은 허랑방탕한 생활을 하는 경우도 적지 않았다. 그런 가운데 그 역량을 발휘할 가장 바람직한 분야가 문학이나 음악, 미술과 같은 예술 영역이었다.

세종世宗 임금의 셋째 아들인 안평대군安平大君, 1418~1453과 인조 임금의 셋째 아들인 인평대군麟平大君, 1622~1658이 유명하다. 숙종 임금 전반기에 주로 활동한 낭선군朗善君, 1637~1693도 당시로서는 명망 높은 서화가였다. 낭선군은 선조 임금의 아들인 인흥군仁興君의 아들로서 현종 대에 역대 임금의 어필御筆을 모사摸寫하여 간행하기도 하고, 왕실 족보인 《선원록璿源錄》을 다시 만드는 일을 주도하기도 하였다. 그는 많은 책을 소장하여 필요한 사람들에게 빌려주기도 하였고, 진귀한 서화를 많이 소장하여 보여주기도 하는 등 당대 예술계에서 상당한 역할을 하였다. 낭선군은 연잉군이 태어나기 거의 10년 전에 죽어서 두 사람은 만나본 적이 없지만, 연잉군이 만약 임금이 되지 않았다면 어쩌면 낭선군 같은 역할을 하지 않았을까? 부질없는 추정이다.

4.
연잉군의
위상

친왕자 예우

숙종 임금의 애정이 쏠린 친왕자 연잉군은 그에 상응하는 높은 위상位相을 갖고 있었다. 그의 위상에 대해서 당대에 이미 논란이 일었다. 1700년숙종 26 1월에 종친부에서 일어난 소동은 그러한 예 중 하나이다.[58]

임창군臨昌君 이혼李焜이 상소하여 종친부 유사당상有司堂上, 정확히 말해서 실무 진행을 맡은 당상의 주혼主婚이라는 직임을 사직辭職하였다. 참고로 종친부 유사당상이란 종친 관계의 사무를 총괄하는 당상관이다. 임창군 이혼은 소현세자昭顯世子의 셋째 아들 경안군 회檜의 아들이다. 숙종 초기에 역모에 거명되었다 하여 제주에 유배되기도 하였고, 중국에 사신으로 가기도 하는 등 종친의 중심에 있던 인물이다. 그가 이런 사직 상소를 올린 까닭은 연잉군과 여타 종친들이 서로 만날 때 예를 어떻게 할 것인가에 대한 갈등 때문이었다. 사건의 전말은 이러하다.

연잉군이 임금께 사은숙배謝恩肅拜, 즉 직무를 수행하기 전 임금께 절을 올리는 절차를 진행하기 위해 궁궐에 들어왔을 때였다. 임창군이 문안청問安廳에 나아가 연잉군을 뵙기를 청하였다. 그때 종친부의 실무자인 이서吏胥가 연잉군의 시종侍從과 의전을 논의하면서 "무릇 문안할 때는 왕자군王子君은 북벽으로 앉고 종친과 의빈儀賓은 한 줄로 앉아 서로 읍揖하는 것이 규례規例입니다"라고 말하였다.

이에 연잉군의 시종은 "연잉군이 앉아서 절을 받는 것으로 임금께서 결정하셨습니다"라고 응수하였다. 이에 임창군이 나서서 "이미 결정이 났으면 마땅히 이에 따라 행하여야겠지만 이제까지 행하여왔던 체모와 규례는 그렇지 않습니다"라고 이의를 제기하였다. 연잉군의 시종은 "규례가 이와 같다면 의당 예문禮文을 따라야겠지요"라며 물러섰다. 그러자 연잉군이 곧바로 일어섰다. 임창군은 앞으로 나아가 읍을 행하였고, 연잉군도 답례를 하였다. 임창군도 곧 앞으로 나아가 읍을 행하고 물러났다.

그리하면 되었지, 임창군이 종친부 유사당상직을 사직하겠다고 상소를 올린 까닭은 무엇일까? 자신이 친왕자인 연잉군에 대한 예를 충분히 다 못하지 않았나 하는 임금의 뜻을 여쭙겠다는 것이다. 임창군 입장에서는 이제 일곱 살짜리 연잉군에 대한 예우를 어찌

해야 할지, 그에 대한 숙종 임금의 결정에 대해서 뭔가 불만을 갖고 있었던 것으로 보인다. 그래서 상소를 올려 문제 제기를 하고 나선 것이다.

임창군이 제기한 문제의 핵심은 예에 관한 것이었다. 종친부의 문안청에서 만날 때 누가 어느 자리에 앉는가, 그리고 누가 먼저 예를 표하고 그에 대한 답례는 어떻게 하는가 하는 것이었다. 오늘날의 시각으로 보면 그다지 대수롭지 않은 문제로 볼 수 있다. 하지만 예를 중시하던 당시에 이 문제는 그리 가볍지 않았다. 신분의 상하가 있는 사회에서는 누구를 더 높은 지위로 보고 그에 걸맞은 예를 표하는가 하는 것이 질서를 유지하기 위한 일차적 행동 규범이었다.

처음으로 부딪친 문제가 바로 앉는 자리, 좌차座次와 관련된 것이었다. 오늘날에도 마찬가지이지만, 당시에는 지위의 높고 낮음에 따라 앉는 자리가 정해졌으며 그러한 예를 아주 엄격하게 따졌다. 각 개인은 자신의 지위에 맞는 자리에 앉아야 한다. 어느 방에서든 북쪽 벽이 가장 높은 사람이 앉는 상석이다. 그 다음이 동벽, 서벽 순이다. 남쪽은 문간이라 비워두거나 아주 낮은 등급의 사람들이 앉는다. 좌차 다음에는 예를 표하는 사람의 순서와 그 방법에 대한 문제였다. 당연히 상대적으로 지위가 낮은 사람이 먼저 예를 표하여야 했다. 배례拜禮, 즉 절을 하는 것이 정중한 예이다. 절도 몇 번 하는가에 따라 달라지는데 임금에게는 사배四拜를 했다. 절 다음으로는 손을 맞잡고 허리를 굽혀 절 다음이 손은 맞잡고 허리를 굽혀 경의를 표하는 읍이었다. 아랫사람이 이렇게 먼저 경의를 표하면 윗

사람은 마주 절을 하거나 읍을 하고, 아니면 간단히 목례를 하거나 그저 가만히 있는 식으로 예를 낮추어 답례를 하였다.

종친부 문안청에서는 서로 만날 때, 종친부 측은 연잉군을 높이되 거의 비슷한 수준에서 약간만 높인다는 뜻을 밝힌 것이다. 이에 대해 연잉군 측은 연잉군이 종친부보다 훨씬 더 높은 지위라고 주장했던 것이다. 처음 종친부의 유사당상이 된 일곱 살짜리 친왕자에게 노성한 종친부의 당상들이 절을 한다는 것에 대해 거부감이 없지 않았던 듯, 임창군이 이 예를 하는 데 대해서 선뜻 동의할 수 없다는 뜻을 표하고, 연잉군을 모시는 사람과 옥신각신 언쟁이 벌어졌다. 이에 어린 연잉군은 그러한 상황이 견디기 힘들었는지 자리에서 일어섰던 듯하다. 그러자 임창군 등 당상들도 그 앞으로 나아가 절이 아닌 읍을 하였고 연잉군이 답례를 한 뒤, 당상들이 다시한 번 읍을 하고 물러갔다. 어느 쪽이든 명확하게 예를 표하지 못한 채 엉거주춤한 상태로 상견례가 이루어지고 끝난 것이다.

임창군은 이렇게 종친부 문안청에서 애매하게 예를 표한 것이 마음에 걸렸는지, 이와 같은 문제를 내시內侍에게 물었다. 내시는 이 일을 녹사綠事에게 물었다. 녹사는 중앙 관서의 높은 관원들에게 딸린 아전으로서 이러한 의전에 관한 사항을 잘 알고 있었던 듯하다. 녹사의 대답은 왕자군은 앉은 채 정1품 종반宗班들, 즉 종친의 반열에 있는 사람들의 절을 받게 되어 있다는 것이다. 이에 임창군은 그 말을 받아들이지 못하고, 억지이자 망령된 말이라 반박하였으며 연잉군을 모시는 자들이 사실을 왜곡한다는 신경질적 반응을 보였다.[59]

'송죽' 족자 | 1700년(숙종 26)
영조 임금이 일곱 살 때 썼다는
'송죽松竹'이라는 큰 글씨를
고종 연간에 흥선대원군이 족자로
만들었다. 수원박물관 소장

    이러한 문제가 벌어진 이유에 대해 실록 기사는 연잉군이 종친부
의 유사당상을 새로 겸하게 되었기 때문이라고 기술하고 있다.[60] 연
잉군이 종친부의 유사당상에 들어가지 않았으면 이런 문제가 생기
지 않을 수도 있었을 텐데 같이 종친부 유사당상을 맡게 되니까 선
배 당상들과 관계 설정에 문제가 생겼다는 것이다. 은연중에 연잉

군을 무리하게 종친부의 유사당상으로 밀어 넣은 숙종 임금에 대해서 비판을 가하고 있는 셈이다.

이러한 임창군의 문제 제기에 대해 숙종 임금은 철저히 연잉군을 옹호하는 답변으로 일관했다. "대신大臣에 대해서 경재卿宰들이 절을 하며 예를 표할 때 대신은 그저 읍을 하며 답례하지 일어서지 않는다. 왕자는 정1품도 초월한 존재이다. 절을 받고 그저 읍하는 것으로 족하다. 이런 것을 갖고 상소를 올린 임창군을 조사하라"고 명하였다.[61] 대신은 정1품의 품계를 가진 최고위 관원을 가리키고, 경재는 그 아래 2~3품의 당상관들을 가리킨다. 숙종 임금은 노하여 "관원들끼리는 이렇게 깍듯이 예를 표하면서 대신보다도 상위의 왕자에게는 하지 않는다는 말이냐? 내가 이미 최종 결정을 내렸는데도 이의를 제기한단 말이냐?"라고 말하며 임창군을 추고推考하라고 명하였다.

추고한다는 것은 요즘 말로 하자면 수사에 착수한다는 뜻으로 처벌의 예비 단계라고 할 수 있다. 임창군이 이 일로 실제로 처벌을 받지는 않았던 듯하다. 하지만 그의 주장이 묵살되고 체면에 손상을 입은 것은 사실이다. 또한 임창군 개인의 문제로 그치지 않고 종친부에 속한 종친들 모두가 연잉군 앞에 절을 하며 엎드려야 하는 상황이 되었다. 숙종 임금은 자신의 친왕자 연잉군을 나이와 상관없이 상당히 높은 위상을 갖도록 만들었던 것이다. 이로써 연잉군은 품계를 초월한 존재가 되었다.

연잉군은 열두 살이 되던 해에 종실宗室 2품 이상을 이끌고 상소한 일이 있었다. 아직 출합할 나이가 채 되지 않았으므로, 종신宗臣들이 궁궐 안에 모여 상소문 두 통을 써서 들여보내니, 왕자가 한 통을 골라서 거처를 나가서 종실들이 상소하는 데 참여하였다.[62] 비록 나이는 어리더라도 종친부의 윗자리에 있었으므로 그 권위를 인정받고 있었음을 보여주는 사례이다.

이러한 사례들은 적지 않다. 예를 들면, 1719년숙종 45에는 숙종 임금이 예순을 바라보게 되었다 하여 기로소에 들어가시라 청할 때 연잉군이 이복동생인 연령군과 여러 종신들을 거느리고 연명聯名하여 상소하니 숙종 임금이 마지못한 듯 그 청을 받아들인 일이 있었다.[63] 이렇듯 연잉군이 갖고 있던 '종친부의 대표'라는 위상과 역할은 숙종 연간 내내 흔들림 없이 이어졌다.

궁방전 절수

왕자는 공인公人인가, 사인私人인가? 왕자의 경제적 기반은 무엇이었을까? 그들은 국가로부터 일정 부분 지원을 받았을까, 받지 않았을까? 공인이라면 관원처럼 국가로부터 어떤 경제적 지원을 받았을 것이요, 사인이라면 공적인 지원을 받지 않았을 것이다.

왕실 가족, 다시 말해 궁궐 안에 사는 왕실의 구성원은 식료품이나 옷감 등을 국가로부터 지급받았다. 사도시司䆃寺에서 곡식과 장류를 임금과 왕비, 세자와 세자빈과 그들을 측근에서 모시는 여성들에게 지급하였다. 제용감濟用監에서는 각종 면포綿布와 비단 등 여러 종류의 옷감을 궁궐에서 일하는 여성들과 내관들에게 지급하였다. 왕실 구성원들과 그들을 가까이서 시중드는 사람들이 국가 관서로부터 물품을 지급받기는 했지만 그것이 그들의 경제 기반의 중심은 아니었다.

왕자들도 어린 시절 궁궐에 사는 동안 이러한 물품을 지급받았을 듯한데, 기록에는 나오지 않는다. 왕자들은 봉군을 해야 비로소 어엿한 독립적인 왕실의 구성원이 되었다. 그에 따라 그 왕자군을 뒷바라지하는 조직으로 '방房'이 조직되었다. 왕실 구성원을 나누어 왕비나 대비, 왕대비, 대왕대비, 그리고 세자와 세자빈 등은 지위가 높은 사람들은 '궁宮'이라 하고, 그 아래로 대군 이하의 왕자, 공주, 옹주 등은 '방'이라고 하였다. 개별 왕실 구성원은 그 지위에 따라서 '궁'과 '방'을 구별하였지만, 흔히 이를 합쳐서 '궁방'이라고 불렀다. 궁방 운영의 실무적 책임은 내시가 맡았다.

어느 왕실 구성원의 궁방이 조직되면 국가 재정에서 그 경제적 기반을 마련해주었다. 그 가장 중심이 되는 것이 궁방전宮房田이었다. 궁방에 궁방전을 주는 것을 절수折受라고 하였다. 절수란 토지의 소유권所有權을 주거나 수조권收租權을 주는 것을 가리킨다. 소유권은 땅을 소유함으로써 갖게 되는 권한이며, 수조권은 그 땅의 수확물 가운데 일정 비율을 조세租稅로 거두는 권한이다. 조세는 원칙적으로는 국가가 거두게 되어 있다. 수조권을 준다는 것은 어느 토지에서 거둘 조세를 국가를 대신하여 거두어 가질 수 있도록 그 권한을 개인이나 기관에 넘겨준다는 의미였다.

농업이 주산업이었던 조선시대의 가장 큰 경제 기반은 토지였다. 토지를 소유한 사람을 지주地主라고 하였다. 지주가 직접 농사를 지으면 당연히 그 수확물 전부를 차지하였고 수확물의 일부를 국가에 전세田稅로 납부하였다. 한편 직접 경작하기 힘들 만큼 토지 규모가 큰 경우에는 토지를 다른 사람에게 경작하게 하고 그 수확물의 절반을 지주가 받았다. 지주의 토지를 경작하고 수확물의 절반 정도를 지주에게 바치는 사람을 전호佃戶라고 하였다. 전호가 경작하는 경우, 국가에 바치는 전세를 누가 부담하는지에 대한 문제가 사회적인 쟁점이 되기도 하였다.

왕실 구성원 중 한 명이 소유권을 가지면 그 궁방은 지주로서 권한을 행사하지만, 수조권을 가지면 조세만 대신하여 받게 된다. 하지만 어느 궁방이 어떠한 토지의 소유권, 또는 수조권을 받았는지가 명확하지 않은 경우가 생겼다. 처음에는 수조권을 받았지만 상당한 세월 동안 수조권을 행사하다 보니 나중에는 소유권까지 받은 것 마냥 권한을 행사하려 들었다. 이러한 경우에는 원 소유자와의 갈등이 불가피하게 일어났다. 이 갈등을 해결하기는 쉽지 않았다.

궁방에서 실무를 담당하는 사람들은 해당 왕실 구성원의 위세를 등에 업고 소유권을 갖고 있다고 주장하면서 더 큰 권한을 행사하려 들었다. 그뿐만 아니라 궁방의 권한이라는 배경으로 각종 이익을 챙기는 일도 벌였다. 그로 인해 백성들과 충돌을 일으키게 되었고, 민원의 대상이 되는 경우가 많았다. 이는 조정에서 자주 논란의 대상이 되었다. 소유권을 가진 궁방전이 늘어나면 국가 소유의 토지는 줄어들었고, 수조권을 가진 궁방전이 늘어나면 국가에서 거둘 조세가 줄어들 수밖에 없었다. 그렇기에 어느 쪽이든 궁방전은 국가 재정을 축내는 것이었다. 이 문제에 대한 최종 결정은 임금이 내렸다. 임금의 성향과 사안의 내용에 따라서 공적 영역인 국가 재정을 튼실하게 하는 쪽으로 판단을 내리기도 했고, 사적 영역인 왕실 구성원의 이익을 보장하는 쪽으로 판결을 내리기도 했다.

조선 후기 숙종 연간에는 이 궁방전 문제가 더 크게 대두되었다. 관료들도 궁방전을 줄이라는 뜻으로 건의를 했지만, 숙종 임금은 궁방전을 줄여 문제를 해결하려하기보다는 궁방을 비호하여 궁방전을 보장하려는 태도를 보였다. 궁방전 문제뿐만 아니라 전반적으로 숙종은 공적인 영역, 곧 국가 재정보다는 사적인 영역인 왕실의 경제적 기반을 확보하는 쪽으로 판단을 내렸다.

친왕자로 연잉군이 봉군되고, 궁방이 구성되면서 이러한 문제가 드러났다. 1702년숙종 28, 연잉군이 고작 아홉 살이었을 때, 미처 관례도 행하지 않았던 때에 궁방의 폐해 문제가 불거졌다.[64]

실록에 기재된 기사를 통해 그 실상을 재구성해보면 다음과 같다. "연잉군 궁에서 평택平澤과 직산稷山 등 현縣에 굴포掘浦하였다." 여기서 연잉군은 '궁'이 아닌 '방'이라고 해야 하는데, 아마도 위계 외에는 본질적 차이가 없기 때문에 '궁'이라고 한 것이 아닌가 짐작한다. 평택과 직산은 경기도의 서남부, 충청도와 닿아 있는 지역이다.

굴포란 수로를 팠다는 말이다. 물길이 닿지 않아 농사를 지을 수 없는 땅에 물길을 내어 농경지로 만드는 사업을 했다는 뜻이다. 한 마디로 개간 사업을 벌였다는 것이다. 모든 일에 양지가 있으면 음지도 있기 마련이다. 주위에 민가나 다른 사람의 토지가 있다고 해서 그것들을 모두 살피며 피해서 수로를 낼 수는 없다. 수로는 대개 직선으로 파거나 굽게 파더라도 크게 곡선을 그릴 수밖에 없다. 그러다 보니 수로 연변에 있는 백성들의 논밭이나 집을 포함하기도 하고, 파낸 흙으로 덮기도 했을 것이다. 당연히 백성들의 원망이 생기지 않을 수 없었다. 하지만 친왕자의 궁방에서 임금의 위세를 업고 하는 일이니 힘없는 백성들은 바로 대들 수도 없어 속이 탔을 터이다. 백성들은 하는 수 없이 평택과 직산의 수령에게 호소하였다. 하지만 수령이라 한들 정5품이나 정6품의 중하급 관료이기에 이 문제를 해결할 힘이 없었다. 그리하여 자신들의 직속 상관인 경기관찰사에게 보고했다.

그러나 경기관찰사 역시 이를 해결할 만한 권한이 없었다. 지역 내 백성들 사이의 갈등이나 군현들 사이의 분쟁이라면 경기관찰사가 판결을 내려주겠지만, 상대가 연잉궁방인데 어쩌겠는가? 이를 속 시원히 스스로 해결할 힘이 없으니, 장계狀啓를 올릴 수밖에 없었다. 장계란 관찰사가 임금께 올리는 보고서이다. 자신이 맡은 지역 백성들의 민원을 들어주지 않을 수 없는 것이라 판단하였기에 수로를 파는 공사를 중지해달라고 임금에게 요청한 것이다. 그 이면에는 연잉궁방에서 부당한 행위를 하였다는 뜻이 담겨 있다.

관찰사가 올린 장계는 일단 비변사에 접수되었다. 다른 문서들이 거의 모두 승정원을 거쳐 임금에게 올라가는 데 반해, 관찰사의 장계는 비변사로 접수되어 논의를 거쳐 임금에게 올라갔다. 비변사는 국방에 관한 일과 경제, 지방 문제 등에 대해서 큰 영향력을 갖고 있는 최고위 관서였다. 그 비변사에서 경기관찰사의 장계를 검토해보고 맞는 말이라는 결론을 내린 뒤 장계의 내용을 들어주시라고 힘을 실어 임금에게 의견을 올린 것이다.

아울러 현장에서 문제를 일으키고 거짓으로 꾸며 위에 보고한 궁방의 실무자인 궁차宮差를 조사하여 처벌케 하시라는 의견을 첨부하였다. 국정 운영의 최고 논의 기구인 비변사에서도 연잉궁방의 처사에 문제가 있다고 본 것이다. 이렇게 현지 수령에서부터 경기관찰사, 비변사까지 일관되게 연잉궁방에 문제가 있다며 조치를 촉구하니 임금인들 어쩌겠는가? 아무리 왕실 가족을 감싸는 태도를 갖고 있었던 숙종 임금이라 하여도 윤허하지 않을 수 없었다.

연잉궁방의 토지나 재산 문제는 이 한 차례로 끝나지 않았다. 실록에 드러난 것만 해도 여럿이다. 1705년숙종 31, 연잉군이 열한 살 되던 해요, 혼례를 한 해인데 이번에는 흥양興陽에서 문제가 터졌다.[65]

흥양 사람 이화李華에게는 대대로 전해오는 언전堰田이 있었다. 언전이란 개펄을 둑으로 막아서 조성한 간석지, 혹은 물이 들어오는 낮은 지대를 둑으로 막아서 조성한 간척지 등을 가리킨다. 새로 경작지를 만드느라 인력과 물력이 많이 들어간 땅이다. 그런데 정광우鄭光羽란 자가 이 땅을 자기가 사들였다 하고 연잉궁방에 속여서 몰래 팔아먹었다. 이에 이화가 여러 해 계속 송사하여 사실 관계를 따졌다. 이 해에 이르러 판윤判尹 민진후閔鎭厚가 양측의 문서를 가져다가 검토하였다. 그 결과 연잉궁방 관계자에게 법에 따라 죄를 내리고, 그 토지는 본래 주인인 이화에게 돌려주어야 한다는 계를 임금께 올려 청하였다. 이에 숙종 임금이 "담당하는 조로 하여금 밝히 살펴 아뢰어서 처분케 하라"며 전교를 내렸다. 그리하여 판결자인 민진후가 판결문에 해당하는 내용을 작성하여 올렸는데, 임금은 다시 원점으로 돌려 재조사를 명한 것이다. 중간에 속여 판 정광우는 물론 연잉궁방에도 뭔가 구린 구석이 있는 것으로 보이지만 숙종 임금이 연잉궁방을 감싼 셈이다. 이러한 상황에서 사신이 그냥 넘어가면 역사가 아니요, 실록이 아니다.

전토를 자기 것인 양 속여 판 자, 노비奴婢로서 주인을 배반한 자들은 거의 다 궁가宮家에 투탁投托하여 의지한다. 한번 궁가에 들어간 뒤에는 사람들이 감히 누구인지, 왜 그런지 말을 못한다. 혹 상소를 올려 호소하더라도 법을 맡은 관원들도 많은 경우 두려워하며 미루어 두고 판결을 내리지 않으므로 마침내 팔짱을 끼고 보면서 물러나고 만다. 지금 흘러가는 풍조가 이러하다. 그런데 어쩌다가 이화처럼 스스로 호소하고 민진후처럼 밝게 판결하였는데도 임금에서는 밝히 살펴 아뢰어서 처분하도록 하라는 왕명을 내리셨다.

이미 밝히 살폈는데 무엇을 살펴서 다시 밝히란 말씀인가? 이에 앞서 구씨 가문의 송사에도 이런 하교를 내리셨다. 아! 귀한 친왕자로서 이것이 없더라도 어찌 부유하지 못할 걱정이 있겠는가? 임금에서 이러한 폐단

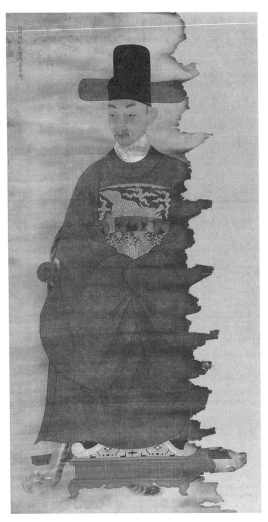

연잉군 초상 | 1714년(숙종 40) 화원 진재해秦再奚가 그린 연잉군 21세 때의 초상화이다. 경희궁 태령전에 처음 봉안되었다가 창덕궁 선원전에 봉안되었던 것인데, 한국전쟁 당시 부산으로 옮겨졌다가 일부가 불에 탔다. 국립고궁박물관 소장

연잉군 시절

을 살펴 알아서 돌려주라고 명을 내리셨다면 생업을 잃은 지친 백성이 기댈 바가 있을 텐데 이제 그렇게 할 수 없으니 어찌 공평하고 밝은 정치에 누가 되지 않겠는가?

사신이 저토록 강하게 임금을 비판하는 것이 무섭기도 하고 한편 대단하기도 하다. 그럼에도 불구하고 남의 땅을 이런저런 수단을 동원하여 집어삼키는 연잉궁방, 그 연잉궁방을 끝내 감싸는 숙종 임금은 또 어떤가? 이렇듯 궁방에서 토지를 비롯한 이권을 갖고 다투는 일은 한두 번이 아니고, 꼭 지방의 힘없는 백성들만을 상대로 한 것이 아니었다. 심지어는 얽히고설켜 중앙의 관원과 세가世家들을 상대로 삼기도 하였다.

이러한 분란은 연잉군이 직접 나서서 일으켰다고 볼 수는 없다. 아직 나이가 어리기도 하지만 지방 현지에까지 내려갈 리도 없기 때문이다. 문제를 일으키는 자들은 궁방에 속한 실무자들, 즉 배리陪吏들이었다. 그들은 지방 현지에서 현지인들과 부딪치며 문제를 일으키기도 하지만, 또한 서울에서도 일반 관리들과 갈등을 빚는 경우가 종종 있었다. 궁방의 권세와 행정권의 충돌이라고 할 수 있다. 1704숙종 30년, 연잉군이 11세 되어 혼례를 치른 그해 12월에 연잉궁방의 배리가 사간원 이서吏胥에게 욕을 당했다 하여 문제가 된 적이 있었다.[66]

임금이 연잉군방의 배리가 사간원의 이서에게 욕을 당했다 하여 아래와 같은 엄한 교지를 내렸다.

사대부士大夫가 종반宗班을 가볍게 여기고 업신여기는 풍습이 요즘보다 심한 적이 없었다. 친왕자는 그 본성과 체면이 자별한데 이런 풍습이 이미 굳어져서 사대부들이 그 본성과 체면을 돌아보지 않는다. 지금 듣건대 사간원의 하인이 왕자의 배리를 잡아다가 구타하고 곤욕을 주기를 아주 할대로 다 했다고 한다. 비록 이 사실을 대간이 미리 알았는지 몰랐는지는 내 모르겠으나 일이 지극히 놀랍고 마음 아프다. 유사攸司로 하여금 그 사간원의 하인을 잡아다 가두고 줄 수 있는 한 무거운 죄를 주도록 하라.

숙종 임금의 분한 마음이 절절하다. 이 마음은 아들 사랑에서 비롯된 것이리라. 하지만 임금으로서는 그리 공정하거나 대범하지는 못한 조치임이 분명하다. 아랫것들 다툼에 지존이신 임금이 이렇게 개입하는 것은 체모에 맞지 않는다. 이를 두고 사신이 그냥 넘어갈 리 없다.

사신은 적는다. 이런 미세한 일로써 어떤 경로로 위로 임금께서 들으시도록 하여 이와 같은 하교가 있게 하였는가? 임금께서 후궁가後宮家와 왕자방王子房의 일에 대하여 지나치게 비호庇護하시어, 때로 이런 엄한 교지를 내리시니 공평하고 밝은 다스림에 누累를 끼침이 크다. 한탄을 그칠 수 없는 일이다.

사신의 말마따나 숙종 임금은 사적인 영역, 자신의 가족, 왕실 종친을 알뜰히 챙겼다. 궁방 문제는 특히 공과 사가 부딪칠 수밖에 없는데 그럴 때마다 공보다는 사를 비호하는 쪽으로 기울었다. 어려서부터 부왕 숙종이 보여준 이런 면모는 후일 연잉군이 임금이 되어서 그대로 본받게 되는 바탕이 되었다. 영조 임금 역시 왕실을 둘러싸고 공과 사가 부딪칠 때 공보다는 사적인 영역으로 기우는 면모를 보였다. 부전자전이라고 할 수 있다.

연잉군은 그러한 숙종 임금의 관심과 애정이 기울어지는 대상 가운데서도 가장 핵심적인 인물이었다. 비록 미천한 궁녀 출신의 후궁 소생이지만, 친왕자로서의 위상을 갖고 있었다. 또한 이복형인 세자와는 비교할 수 없는 차등의 지위였지만 다른 종친들이나 관원들에 비하면 월등한 위상이었다. 1720년^{숙종 46} 6월 7일 숙종 임금의 임종이 임박했을 때 세자와 함께 그 침상을 곁에서 지키며 그 손을 받들어 잡은 사람, 그가 바로 연잉군이었다.[67]

왕세제 시절

1.

건저
建儲

〈총서〉와 〈행장〉 속 건저

연잉군은 친왕자로서 부왕 숙종의 총애를 받았고, 그에 따라 종친 가운데서도 우대를 받았다. 하지만 그가 왕위를 이어받을 위치에 있지 않았다는 사실에는 변함이 없었다. 그의 형인 왕세자가 있었기 때문이다. 그런 연잉군이 왕세제가 되었고, 급기야 임금이 되었다. 이는 조선왕조 전체를 통틀어 대단히 이례적인 일이라고 할 수 있다. 이러한 일이 발생하게 된 배경에는 숙종 말에서 경종 대에 걸친 대단히 복잡하고 급격한 정치적 격랑이 있다. 연잉군이 왕세제를 거쳐 임금으로 즉위하는 과정과 그 밑에 깔려 있는 이면을 살펴보는 것은 영조 임금을 이해하는 데 관건이 되는 작업이다. 그 핵심이 바로 건저建儲 논란이었다. 건저란 저위儲位를 세우는 일, 즉 왕위 후계자를 선정하는 일이다.

우선 건저의 경위부터 살펴보아야 한다. 연잉군이 왕세제가 되어 임금으로 즉위하기까지 모든 경위가 실린 자료는 앞에서 살펴본 바 있는《영조실록》의 〈총서〉와 〈행장〉이다. 먼저 〈총서〉를 살펴보면 이에 대해 아주 간략하게 한 줄로 전하고 있다.

경종대왕 원년 신축년에 왕세제로 책봉되었다. 갑진년에 즉위하여…[1]

아무리 〈총서〉라지만 너무 간단하다. 무성의해 보일 정도이다. 이에 비해 〈행장〉에는 왕세제 책봉에서 즉위하기까지에 대한 서술 분량이 훨씬 많다. 같은 내용의 기술을 보면 다음과 같다.[2]

경자년1720, 숙종46에 숙종 임금께서 승하하시고 경종 임금께서 즉위하셨는데 편찮으신 지 오래되고 후사를 잇는 것 또한 기대할 수 없었다. 그 이듬해 8월에 정언正言 이정소李廷熽가 상소하여 조종祖宗의 옛 전례를 인용하여 저위를 미리 세워서 인심을 고정시키기를 청하였다. 경종 임금께서 대신들에게 의논하라 명하셨다.

영의정 김창집金昌集, 좌의정 이건명李健命, 판부사 조태채趙泰采, 육조 판서六曹判書와 사헌부 및 사간원의 장관이 경종 임금을 만나 뵙기를 구하였다. 그리고 자성慈聖께 고하여 일찍 대계大計를 정하시기를 청하였다. 경종 임금께서 뭇 신하에게 명하여 합문閤門 밖에 물러가 기다리게 하셨다.

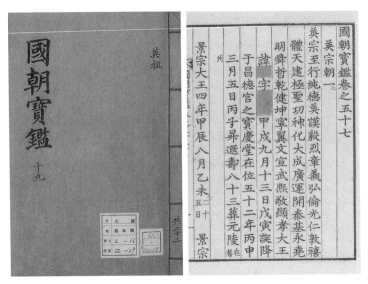

《국조보감國朝寶鑑》영조편 표지와 첫 면 《국조보감》은 조선왕조 역대 임금의 치적을 정리한 책인데, 그 가운데 영조편 표지와 첫 면이다. 첫 부분의 내용은 총 52자에 달하는 영조 임금의 칭호와 이름, 자, 탄생 일시와 장소, 재위 기간, 승하 일시, 향년, 왕릉 등이다.
한국학중앙연구원 장서각 소장

가 조금 뒤에 다시 불러들여 자성의 수찰手札을 보여 주셨다.

거기에 이르기를 '효종대왕孝宗大王의 혈맥血脈이며 선대왕先大王의 골육骨肉으로는 단지 주상과 연잉군이 있을 뿐이니 어찌 다른 의논이 있겠는가?' 하였다. 여러 신하들이 다 눈물을 흘리며 물러나왔다. 마침내 왕연잉군을 왕세제로 책봉하고 군부인 서씨를 세제빈으로 책봉하였다.

위 〈행장〉의 기술은 건저 경위를 잘 보여주는 것으로 보인다. 하지만 기술된 바를 곧이곧대로 받아들이기에는 뭔가 걸리는 것이 있다.

그 배경에 하나하나 따져보아야 할 쟁점을 숨기고 있는 듯 보인다.

첫째, 왕세제 책봉 논의를 제기한 이유가 무엇인가? 〈행장〉에서는 왕세제 책봉 논의가 제기된 배경이 경종 임금의 건강이 좋지 않아 후사를 기대할 수 없었다는 데 있다고 말한다. 하지만 이 부분은 의학적 문제로서, 이후 노론老論과 소론少論 사이에 첨예한 논란의 쟁점이 되었다. 지금 와서 경종 임금이 후사를 기대할 수 없는 의학적인 결함을 갖고 있지 않았는지 판단하는 것은 역사학 영역에서는 불가능에 가깝지 않을까? 이 글에서는 논외로 삼을 수밖에 없다.

둘째, 왕세제 책봉 논의의 구체적인 발단은 어떻게 이루어졌는가? 언제 누가 어떤 경로로 제기하였는가? 〈행장〉에 따르면 왕세제 책봉 논의의 구체적인 발단은 이정소의 상소였다. 조종의 옛 전례에 따라 후계를 미리 정하여 인심을 안정시키라는 내용이었다. 얼핏 보면 이 사실 자체는 별다른 이론의 여지가 없는 것 같다. 하지만 이정소가 누구인가? 그는 왜 이러한 상소를 올렸을까? 개인의 의견만으로 왕위 승계에 대한 상소를 올릴 수 있었을까? 이정소의 지위와 정치적 입장, 그리고 그 이면을 면밀히 살펴볼 필요가 있다.

셋째, 왕세제 책봉 논의의 실질적인 주체는 누구였으며, 전례 없는 이 일을 어떠한 절차를 밟아 추진하였을까? 이정소는 논의를 띄우는 앞잡이 노릇만 했을 뿐 실제 논의를 본격적으로 시작한 것은 당시 고위 관원들이었다. 영의정 김창집, 좌의정 이건명, 판부사 조태채를 필두로 육조 판서와 사헌부 및 사간원의 장관이 나섰다. 이들은 임금을 만나서 후계를 확정 짓기를 청하였다. 그 결정도 임금이 혼자 내리라는 것이 아니라 '자성', 즉 숙종 임금의 제2계비인 인원왕후에게 고하여 후계를 정하는 큰 계책을 정하라는 요구였다. 이 자리에 참여한 관원들의 정치적 입장과 그들의 진정한 의도를 파악하는 것이 연잉군의 왕세제 책봉 관련 문제를 파악하는 데 핵심이라고 할 수 있다.

넷째, 왕세제 책봉을 결정한 궁극적 주체와 그 방식은 무엇인가? 경종 임금은 고위 관원들의 요청에 스스로 답하지 않고 인원왕후의 수찰로 대답을 대신하였다. 수찰이란 직접 손으로 쓴 글이다. 다시 말해, 공식 문서는 아니지만 인원왕후의 뜻을 확인해주는 글이다. 말이 아닌 글은 증거로 남을 수 있다. 왜 그는 스스로 결정하지 않고 인원왕후의 수찰에 기대었을까? 여기서 그가 지닌 왕권의 허약함과 당시의 정치적 역학관계가 드러난다. 그 수찰의 내용은 효종대왕의 혈맥은 단지 주상과 연잉군 뿐이니, 당연히 연잉군을 경종 임금의 후계로 지명한다는 것이다. 이른바 삼종혈맥론三宗血脈論이다. 삼종혈맥론이란 경종 임금이 자식을 낳지 못할 시, 윗대에서 왕위 계승자를 찾을 것이 아니라 삼종, 즉 효종·현종·숙종의 맥을 잇는 연잉군이 왕위를 계승해야 한다고 주장하기 위해 만들어진 말이다. 이 삼종혈맥론은 이후 노론의 주요 논거가 되었지만, 다른 한편 소론의 논박의 쟁점이 되기도 하였다.

다섯째, 책봉 절차는 어떻게 이루어졌는가? 과연 순탄하였는가? 〈행장〉에는 연잉군을 왕세제로, 군부인 서씨를 세제빈으로 책봉하였다고 기술되어 있다. 마치 왕세제 책봉이 별 문제 없이 순탄하게 진행된 것처럼 보인다. 하지만 실로 그 경위가 그렇게 순탄하였을까? 실제로는 책봉을 추진하는 과정에서, 그리고 책봉된 뒤에도 노론과 소론 사이에는 참으로 격렬한 갈등이 전개되었다. 연잉군이 왕세제가 되고 임금으로 즉위하는 사이사이, 갈피갈피마다 깊고 어두운 파란곡절이 숨어 있다.

정치적 배경

숙종 연간에서 경종 연간에 이르는 시기의 정치사는 두 붕당, 곧 숙종 전반에는 서인과 남인, 숙종 후반 이후에는 노론과 소론이 공존하며 대립하는 관계를 축으로 삼아 진행되었다. 어느 한 붕당이 정국 운영의 주도권을 행사하면 이에 대해서 다른 한 붕당이 날카롭게 비판하며 견제하는 형세를 유지하였다. 그런데 이러한 형세가 장기간 지속되지 않고, 주도하고 비판하는 위치를 서로 급격하게 맞바꾸는 현상이 간헐적으로 일어났다. 그렇게 정국이 급격하게 뒤바뀌는 데는 숙종 임금의 의지가 크게 작용하였다. 임금이 갑자기 어느 붕당의 인물을 중용하면 그에 따라 정국이 급격하게 전환되었다. 이를 환국換局이라고 한다.

환국이 반복되는 흐름 속에서 관원들은 물론, 아직 관원이 되지 않은 후보자들까지도 대부분 어느 붕당에 소속되어 각각의 당색을 띠게 되었다. 따라서 그들의 말과 주장은 어느 한 쪽 붕당의 주장이 깃들어 있다. 따라서 말을 하거나 글을 쓴 사람이 어느 붕당에 서 있었는가를 보고 판단하지 않고는 객관적인 평가를 내리기 어렵 다. 개인이 사적으로 남긴 기록은 물론 국가 기관에서 편찬한 실록 에 이르기까지 이 시기에 작성된 대부분의 자료는 거의 모두 편향 되어 있다고 보아야 할 것이다. 《영조실록》의 〈행장〉이나 본문 기사 에도 이러한 영향이 드리워져 있다. 연잉군이 왕세제가 된 후, 임금 으로 즉위하는 과정을 추적하고자 할 때 그 정치적 배경을 먼저 헤 아려보지 않을 수 없다.

왕조 국가에서 임금은 적어도 관념적인 차원에서는 통치자이자 주권자이며 입법과 사법 및 행정 등 모든 권력을 갖고 있는 지존이 었다. 그러므로 왕위 승계자를 정하여 세우는 일은 더없이 중대한 일이었다. 하지만 왕위 승계자를 정하고, 그가 임금으로 즉위하는 절차에 대한 조문화된 규정이 없었다. 임금은 정해진 임기 없이 종 신토록 그 자리를 지켰다. 현 임금이 승하해야 왕위가 승계되는 것 이 일반적이었다. 물론 현 임금이 살아서 스스로 왕위를 물려주는 양위讓位도 없지 않았다. 혹은 찬탈이나 정변, 반정 등으로 왕위를 빼앗아 스스로 임금이 되는 경우도 있었다.

왕위 승계의 형식만이 아니라 왕위 승계자 역시 일정하지 않았 다. 가장 이상적인 모습은 적장자嫡長子 계승이었다고 할 수 있다. 적 장자, 다시 말해 정비正妃 소생의 장자長子가 왕위를 계승하는 것이 동아시아 왕조 국가에서는 원칙처럼 받아들여졌다. 하지만 적장자 가 없거나, 있더라도 왕위를 승계하는 데 문제가 있을 경우에는 다른 인물을 왕위 승계자로 세우지 않을 수 없었다.

적장자는 태어나면서부터 정해져 있기에 그를 왕위 승계자로 세우는 일은 절차만 밟으면 되었다. 별다른 이의를 제기할 필요가 없었고 이의를 제기하기도 어려웠다. 하지만 적장자가 아닌 사람을 왕위 승계자로 세우려면 후보자 선정부터 그 지위를 확정 짓는 절차인 책봉까지 많은 과정을 거쳤다. 그러던 중 격한 논쟁을 벌이는 경우도 적지 않았다.

연잉군이 왕세제가 되기 직전, 숙종 임금에서 경종 임금으로 왕위가 이어질 때 이미 그런 심각한 경험을 한 바 있었다. 경종 임금은 1688년숙종 14 숙종 임금과 희빈 장씨 사이에서 태어났다. 숙종 임금이 얻은 첫째 아들이니 장자임에 틀림없었지만 적자嫡子는 아니었다. 왕비 소생이 아니라 후궁 소생이었다는 사실이 늘 그를 괴롭혔다. 더구나 희빈 장씨는 남인계와 연결된 역관譯官 가문 출신이었다. 생모가 양반 사족이 아닌 중인中人 출신이라는 사실과 그 집안의 당색이 중앙 정계에서 밀려난 남인이라는 사실이 또한 그를 꾸준히 괴롭히는 약점이 되었다.

숙종 임금은 첫 아들을 얻은 바로 이듬해 그 아들의 명호名號를 원자元子로 정하였다. 원자는 공식적인 맏아들이라는 뜻으로 세자가 되기 직전의 아들이라는 의미였다. 이에 노론은 극렬하게 반대하였고, 이를 둘러싼 노론과 소론의 대립은 격화되었다. 그 아들이 원자가 되고, 또 세자가 되면서 임금으로 즉위하기까지 그 과정은 숙종대 환국이 반복되는 정국의 혼란 속에서 이루어졌다.

경종 임금이 태어난 1688년^{숙종 14} 10월, 당시의 정국은 1680년
^{숙종 6} 이른바 경신환국庚申換局으로 서인, 그중 왕실과 혈연으로 연결
되어 있는 훈척勳戚 집단이 남인을 밀어내고 주도권을 쥐고 있는 상
황이었다. 이 시기 서인은 노론과 소론으로 갈라지면서 그 내부에
서 대립의 골이 깊어지고 있었다. 이러한 상황에서 숙종 임금은 그
아들을 원자로 정하고자 하였다. 이에 1689년^{숙종 15} 2월 노론의 핵
심 인물인 송시열이 원자로 명호를 정하는 것은 시기상조라는 상소
를 올렸다. 이에 숙종 임금은 노론은 물론 소론까지 내치고 남인계
인물들을 고위 주요 관직에 대거 등용하였다. 이를 기사환국己巳換局
이라고 한다. 숙종 임금은 기사환국이 진행되는 이듬해 1690년^{숙종 16}
6월에 원자를 세자로 책봉하였다.³ 경종 임금의 명호를 원자로 정하
고 이어서 세자로 책봉하는 것이 기사환국의 핵심 쟁점이었다.

남인이 주도하던 정국은 1694년^{숙종 20} 4월 다시 급전하였다. 남인
이 반역을 도모하며, 숙원 최씨를 독살하려 한다는 고변이 결정적
계기였다. 여기서 등장하는 숙원 최씨가 바로 영조 임금의 생모다.
숙원 최씨는 기사환국 바로 전해인 1693년^{숙종 19} 10월에 아들을 낳
았으나⁴ 두 달 만에 죽었고, 그 이듬해 9월에 또 아들을 낳았다. 두
번째 낳은 아들이 바로 영조 임금이다. 이렇게 보면 기사환국은 영
조 임금과 어느 면에서는 깊은 연관이 있다고 할 수 있다.

이 고변으로 고위직을 차지하고 있던 남인계 인물들이 관직을 빼
앗기고 먼 섬으로 유배되었고 서인계 인물들이 관직에 기용되었다.
이것이 갑술환국甲戌換局이다. 갑술환국으로 폐위되어 서인 신분으

소령원도 숙빈 최씨의 무덤인 소령원을 그린 산도山圖이다. 1753년(영조 29) 소령묘昭寧墓에서 소령원으로 승격시키면서 그린 것으로 보인다. 한국학중앙연구원 장서각 소장

로 사제에 나가 있던 인현왕후가 복위되었고, 왕비가 되었던 장씨
는 다시 후궁의 신분으로 되돌려졌다. 왕세자는 참으로 외롭고 위

태로운 처지가 되었다.

갑술환국 이후 정국은 노론과 소론이 양립하여 이끌어 갔다. 노론과 소론은 상대방이 쓴 책이나 주장, 글 또는 각각의 스승으로 모시는 인물에 대해서 공박하고 배척하였다. 1716년숙종 42 7월에는 숙종이 소론의 영수격인 윤증尹拯, 1629~1714이 그의 스승이자 노론의 영수인 송시열을 비난한 것이 잘못이라고 판단을 내렸다. 이를 흔히 '병신처분丙申處分'이라 하지만, 이를 계기로 정국을 주도하는 붕당이 소론에서 노론으로 급하게 바뀌었다는 점에서 보면 환국의 하나로 볼 수 있다.

1717년숙종 43 7월 19일 숙종 임금은 갑자기 왕세자에게 대리청정代理聽政할 것을 명하였다.5 숙종 임금은 이날 아침 내의원에서 대전에 들어와 임금을 진찰하는 자리에 특별히 좌의정 이이명李頤命도 함께 들어오도록 명하였다. 그 자리에서 임금이 눈병 때문에 일을 처리하기가 어려우니 변통變通을 내야겠다는 하교를 내리자, 이이명이 느닷없이 세자가 임금 곁에서 참여하여 일을 보게 하시라는 말을 하였다. 숙종 임금이 이 말에 대해서는 가부간에 답을 하지 않고, 바로 당唐나라 때에 변통시켰던 사실을 물었다. 이이명은 세 번이나 기억하지 못한다고 대답을 하면서 대신들을 불러서 의논하게 하자고 청하였다. 이에 내의원 제조 민진후가 응대하였는데 그 말에는 꼭 그래야 한다는 기색이 들어 있었다.

이들이 물러난 뒤에 숙종 임금이 희정당熙政堂에 앉아서 이이명을 홀로 들어오도록 불렀다.6 독대獨對를 하라고 명한 것이다. 조선왕조

동궐도의 희정당 | 희정당은 임금이 기거하며 관원들을 만나기도 하는 대전의 기능을 담당하였다. 정면 5간, 측면 4간으로 그리 크지 않지만 매우 독특하면서 짜임새가 있었다. 1917년 화재 이후 원래의 모습을 잃었다. 고려대학교박물관 소장

에서 임금은 관원 중 누구를 만나든 그 곁에 항상 네 명의 관원이 동석하였다. 승지承旨 한 명과 이야기를 기록하는 주서注書 한 명, 그리고 사관史官 두 명이 그 네 명이었다. 그런데 임금이 승지와 주서, 사관을 모두 물리치고 어느 관원 한 사람만 은밀히 만나는 것을 독대라 한다. 독대는 매우 드문 일이다. 독대해서 나눌 이야기가 무엇일까? 공개하기 어려운 중대사, 대부분 왕위 승계에 관련된 경우가 많다. 임금이 독대하란다고 해도 그 대상이 되는 사람은 홀로 들어가서는 안 되는 불문율이 있었다.

그럼에도 이이명은 임금의 뜻을 헤아려 곧바로 바삐 들어갔다가

한참 만에야 물러나왔다. 그러면서 그 자리에서 나눈 말을 비밀에 부치고 전하지 않았다. 그렇다지만 숙종 임금과 이이명이 독대 자리에서 나눈 대화의 내용이 충분히 짐작되지 않은가? 결국 세자에게 대리청정을 하게 하자는 것이 아니면 무엇이겠는가? 이에 온 나라가 물 끓듯이 놀라고 두려워하였다. 그날 저녁 임금이 다시 이이명과 행판중추부사 이유李濡, 영의정 김창집 등 노론계 신료들만을 접견한 자리에서 자신의 안질이 심해서 세자에게 대리청정을 하게 해야겠는데 뜻대로 하기에 무언가 문제가 있다고 말하였다. 이에 대해 그 자리에 참석한 사람들은 모두 당나라의 고사와 조선 초 세종 임금이 당시 세자였던 문종文宗 임금에게 대리청정하게 한 고사를 들어 적극 찬성했고, 숙종 임금은 그날 바로 하교를 내려 세자에게 대리정청을 명하였다.

　독대라는 비상한 절차에서 비롯된 대리청정 조치에 대해서 소론 측에서는 노론 측에서 세자를 위태롭게 만들려는 모종의 음모가 있는 것 아닌가 의심하였다.[7] 의심의 내용은 세자가 대리청정을 제대로 수행하지 못하면 연잉군을 후사로 정하기로 합의하였다는 것이었다. 갑술환국 이후 줄곧 세자를 보호하는 데 공이 큰 것으로 인정받던 소론계 영중추부사 윤지완尹趾完이 이이명을 사인私人, 사신私身이라며 독대를 공박하였으나, 숙종 임금은 윤지완의 주장을 비판하면서 물리쳤다. 윤지완과 이이명 모두 도성 밖으로 물러가 대죄待罪하였고, 노론과 소론 사이에 독대와 대리청정을 둘러싸고 찬반 논의가 크게 일어났다. 세자도 여러 차례 대리청정을 극구 사양하였으나 결국 대리청정은 실시되었다.

　세자가 대리청정을 하면서 눈에 띄는 역량을 발휘하였다고 할 수는 없으나 한편으로는 결정적인 실책을 저지르지도 않았다. 매우 위태로운 상황을 잘 견뎌낸 것이다. 그러다가 부왕 숙종 임금이 승하하자 그 뒤를 이어 1720년 6월 13일 경덕궁慶德宮 자정문資政門에서 즉위하였으니 조선 제20대 임금 경종이다.

이정소의 상소

경종 임금이 이렇게 우여곡절 끝에 즉위하였다. 하지만 즉위한 지 1년 만에 노론 측에서 연잉군을 왕세제로 책봉하자는 주장을 내놓았다. 연잉군을 왕세제로 책봉하자는 논의는 이정소가 1721년경종 1 8월 20일 연잉군을 세자로 세우자는 상소를 올림으로써 촉발되었다.[8]

지금 우리 전하께서는 춘추春秋가 한창이신데도 아직껏 저사가 없으시니 다만 중외中外의 신민臣民들이 근심스럽게 걱정하고 탄식할 뿐만이 아닙니다. 삼가 생각건대 우리 자성께서는 크나큰 상중에 계시니 필시 더 근심하여 염려하실 것이요, 우리 선왕의 하늘에 계신 혼령께서도 반드시 돌아보시면서 번민하고 답답해하실 것입니다. 하물며 우리 조종께서 이미 행하신 좋은 전례가 있으니 어찌 오늘 마땅히 준행遵行할 바가 아니겠습니까? 바야흐로 극세는 위태롭고 인심은 흩어져 있으니, 더욱 마땅히 나라의 큰 근본을 생각하고 종사의 지극한 계책을 꾀해야 할 것인데도 대신들은 아직껏 저사를 세우기를 청하는 일이 없으니, 신은 이를 개탄하는 바입니다. 원컨대 전하께서는 빨리 이 일을 위로 자성께 아뢰시고 아래로 대신들과 의논하시어 바로 사직社稷의 큰 계책을 정하심으로써 억조億兆 신민의 큰 소망을 동여매시옵소서.

위 상소를 올린 이정소는 어떤 인물인가? 이정소는 마흔하나가 되던 1714년숙종 40에 증광增廣 전시殿試에 급제하여 관직에 나아갔다. 경종 연간에는 지평持平과 정언正言 등 당하관직을 오가며 활동하는 수준이었다. 지평은 사헌부의 정5품 관직이고, 정언은 사간원의 정6품 관직으로서 둘 다 언론을 담당하는 언관言官이다. 언관은 국정 전반에 대해서 임금이나 관원들을 대상으로 비판하고 감독하는 글을 올리는 것이 주요 임무였다. 하지만 다음 왕위 승계자를 정하라는 주장을 하는 것은 일반적으로 언관이 할 말이라고 하기는 어렵다.

이정소의 조상 가운데 높은 관직을 하였거나 노론과 소론의 대립 구도에서 두드러진 행적을 드러낸 인물은 보이지 않는다. 또 그가 학통상 어떤 계보에 속해 있다고 할 만큼 뚜렷한 족적도 찾기 어렵다. 다만 그의 행적으로 볼 때 노론의 일원임이 드러난다. 그는 언관으로서 소론의 중심 인물인 조태구를 공박한 바가 있으며, 그 대가인지 경종 대 소론이 주도권을 잡아 노론을 정치적으로 공격할 때 그 대상에 포함되었다.[9]

문외출송門外黜送한 죄인 이정소는 사람됨이 요사스럽고 악독하며, 일을 처리함이 더럽고 어그러졌습니다. 일찍이 영남嶺南의 우관郵官으로 있을 때에는 불법을 많이 저질러 역마를 받거나 내줄 때에는 오로지 뇌물이 많고 적은 것만을 보았습니다. …

또 그가 사헌부에 들어갔을 때에는 경주慶州에 있는 적당賊黨에게 많은 뇌물을 후하게 받고 그 당시 영장營將을 삭판削版하라는 계를 올리기까지 하였습니다. 그 후 적당의 초사招辭에서 대관臺官에게 뇌물을 써서 토포사討捕使를 파직시킬 것을 도모한 정상이 낱낱이 실토되었습니다. 적당의 초사가 아직 남아 있으므로 눈이 있는 자는 모두 보았습니다.

이처럼 불법을 저지른 사람은 문외출송이라는 가벼운 벌을 주는 데 그칠 수 없습니다. 청컨대 먼 지방으로 유배 보내소서.

이 말은 이정소를 공박하기 위해서 사헌부에서 올린 계의 내용이다. 그렇기에 다소 과장된 바가 없지 않겠지만, 그래도 전혀 사실 무근이라고 할 수는 없을 터, 어느 정도는 진실을 담고 있다고 보아야 할 것이다. 문외출송이란 서울 도성 밖으로 쫓아냄을 말한다. 이에 그치지 말고 더 강력한 처벌을 내려 먼 지방으로 유배를 보내라는 주장이다. 이 주장은 곧바로 받아들여지지는 않았지만, 이정소는 경종 연간 소론이 노론을 정치적으로 공격하는 와중에 함께 처벌을 받았다. 그러다가 영조 임금이 즉위하면서 죄가 풀려 다시 등용되어 승지에까지 올랐다.

이정소는 경종 연간에 언관으로서 건저 상소를 올리기는 하였지만 그의 정치적 비중은 가벼웠다. 그가 독자적으로 상소를 올렸다고 보기는 어렵다. 배후라고 할까, 아니면 적어도 동조하고 뒷받침하는 집단이 있었다고 보아야 한다. 이정소가 상소 이후 논의의 진행 과정에서 그러한 사정이 드러난다.

이정소의 상소에 대해 경종 임금은 대신들에게 이 문제를 의논하여 아뢰라고 왕명을 내렸다. 이 왕명을 수행한 사람은 영의정 김창집과 좌의정 이건명이었다. 이 두 사람은 빈청賓廳에 나가 전직 의정들, 육조 판서들, 의정부의 찬성과 참찬들, 한성판윤, 사헌부 사간원 홍문관의 장관 등 고위 관료들을 부르기를 청하였다.

여기에 해당하는 사람들이 전부 모인 것은 아니지만 대부분이 모여 회의를 열었다. 밤이 깊어가는 시각인 2경에 김창집과 이건명은 판중추부사 조태채趙泰采, 호조 판서 민진원閔鎭遠, 판윤 이홍술李弘述, 공조 판서 이관명李觀命, 병조 판서 이만성李晚成, 우참찬 임방任埅, 형조 판서 이의현李宜顯, 대사헌 홍계적洪啓迪, 대사간 홍석보, 좌부승지 조영복趙榮福, 부교리 신방申昉과 더불어 임금을 뵙기를 청하니 임금이 시민당時敏堂에서 이들을 만나보았다. 여기 참석한 사람들은 대체로 노론의 핵심으로 볼 만한 사람들이다. 대표격인 김창집이 말문을 열었다.

성상께서 춘추가 한창 젊으신데도 아직껏 저사가 없으시니, 신은 부끄럽게도 대신으로 있으면서 주야로 걱정이 됩니다. 다만 일의 뜻이 매우 무거워서 감히 우러러 청하지 못하였습니다. 지금 대신 이정소의 말이 지당하니 누가 감히 이의가 있겠습니까?

이어 조태채, 이건명이 임금이 생각을 정하여 큰 계책을 빨리 정하라는 말을 보탰고, 여러 신하들도 차례로 진술하여 청하였다. 이들의 말이 끝나자 김창집, 이건명, 조태채가 다시 청하여 마지않았다. 마침내 임금이 이 말을 따르기를 윤허한다고 하였다. 경종 임금 스스로 내린 결정이라기보다는 다수 고위 관료들의 압박에 가까운 간청에 경종 임금이 마지못해 따랐다고 보아야 할 장면이다. 김창집과 이건명은 이 결정을 굳히고자 하였다.

성상께서는 위로 자전慈殿을 모시고 계시니, 자전께 들어가 사뢰어 수필手筆을 받은 연후에야 봉행奉行하실 것입니다. 신 등은 합문 밖에 나가서 기다릴 것을 청합니다.

왕실의 가장 어른인 인원왕후의 의견을 확인하는 글을 받으라는 것이다. 경종 임금이 이를 윤허하고 자전이 있는 대내大內로 들어갔는데 오래도록 나오지 않자 김창집 등은 임금을 가까이서 모시는 승전 내관承傳內官을 불러 임금을 재촉하여 만나게 하도록 독촉하였다. 새벽녘이 되어서야 경종 임금은 낙선당樂善堂에서 김창집 등을 만나주었다. 김창집이 인원왕후께 아뢰셨는가 물으니 임금은 그렇다고 대답하였다. 이건명이 꼭 인원왕후의 수찰이 있어야만 거행할 수 있다고 하자 임금이 책상 위의 봉서封書를 가리켰다. 김창집이 받아서 뜯었다. 피봉 안에는 종이 두 장이 들었는데, 한 장에는 해서楷書로 '연잉군'이란 세 글자가 써 있었고 한 장은 언문 교서諺文敎書였다. 그 내용은 '효종대왕의 혈맥과 선대왕의 골육으로는 다만 주상과 연잉군 뿐이니, 어찌 다른 뜻이 있으리요? 나의 뜻은 이러하니 대신들에게 하교하심이 옳을 것이오' 하는 것이었다.

그 자리에 참석한 신하들이 모두 읽어보고는 울었다. 이건명이 사관으로 하여금 언문 교서를 한문으로 번역해서 승정원에 내리게 하고, 승지로 하여금 임금의 명을 전하는 문서를 쓰게 할 것을 청하였다. 임금이 그렇게 하라 하였다. 승지 조영복이 임금 앞에서 왕명을 전하는 문서를 썼다. 그 문서의 내용은 연잉군을 저사로 삼는다는 것이었다. 이어 예조 당상관을 불러 거행할 것을 청하고, 여러 신하들은 물러갔다.

이렇게 연잉군을 왕세제로 지명하는 일은 김창집, 이건명 등 노론의 핵심 인물들이 한밤중에 급하게 경종 임금을 압박하듯 추진되었다. 자연스럽다고는 할 수 없는 일이었다. 이 시기에 연잉군을 왕세제로 지명할 절박한 사유는 없었다. 당시 노론 측에서 왜 이렇게 급하게 건저를 추진했는지 그 이유를 명확하게 밝히기는 어렵다. 그 속내를 기록으로 남겼을 것 같지도 않다. 여러 정황을 보고 추정할 수밖에 없다.

노론으로서는 소론 측의 지원을 받아 즉위한 경종 임금이 부담스러울 수밖에 없었을 것이다. 자신들이 숙종 말년에 대리청정을 하게 하는 등 그에게 가한 정치적 압박은 서로 잊을 수 없는 사실이었다. 이러한 부담감으로 경종 임금이 본격적으로 왕권을 행사하기 전에, 그리고 소론이 자신들에 대해서 정치적 반격을 가하기 전에 어떤 방어책을 마련해야 한다는 강박감을 가졌을지 모르겠다. 결국 이 강박감이 급하고 부자연스럽게 건저를 추진하게 하였고, 이는 곧 크나큰 풍파를 불러 일으켰다.

위호 왕세제

연잉군이 왕위를 이을 후계자로 결정된 이후 바로 그 절차에 대한 준비가 진행되었다.[10] 그 일은 예조에서 담당하였다. 예조에서는 '연잉군이 이미 왕위를 잇기로 정해졌는데도 그대로 사제에 있는 것은 마땅치 않은 일이니 궁궐로 들어와 거처하게 하도록 임금께서 속히 명을 내리시기'를 청하였다. 왕위를 잇기로 결정된 사람이 궁궐 밖의 사제에 계속 거처하는 것은 당시로서는 온당치 못한 일이니 예조에서 이렇게 임금께 청하는 것은 당연한 일이었다고 할 수 있다.

이어서 저사로 결정되었으니 그대로 연잉군이라 부를 수는 없는 일이라고 하여 그의 호칭 문제를 함께 제기하였다.

연잉군이 출생 순서[倫序]로 말하자면 비록 주상의 아우가 되지만 이제 결정된 지위로 말하자면 왕위 승계자가 됩니다. 조종조의 옛 일을 보면 정종定宗께서 태종太宗을 책봉하여 세자라 하였으니, 이 어찌 제왕가帝王家

에서 계서繼序를 중히 여기고 윤서倫序는 도리어 경하게 여겨서 그렇게 한 것이겠습니까? 그게 아니라 그때에 태조께서 상왕위上王位에 계셨으니 지존인 임금도 압존壓尊이 되었기에 세자라는 칭호를 붙여도 문제가 없기에 그런 것이 아니겠습니까?

오늘의 사세事勢는 그 때와는 같지 않습니다. 옛날 이래로 역대 임금이 아우를 세워서 후사를 삼았을 경우에는 모두 태제太弟로 봉하였습니다. 지금 이 경우에도 명호名號를 세제로 정하면 명의名義나 예절에 다 맞을 듯합니다. 그렇지만 일의 의미가 지극히 무거우니 대신들에게 의논하게 하여 그 의견을 들어 처리하시기 바랍니다.

연잉군이 경종 임금의 아우인데 왕위 계승자가 된다면 그 위호를 어떻게 할까 하는 문제였다. 임금의 아들이 왕위 계승자가 되면 그 위호를 왕세자로 하는 데 아무런 문제가 없었다. 그런데 왕위가 아버지에서 아들로 이어지는 것이 아니라 형에게서 아우로 이어질 경우 왕위를 이어받는 아우를 왕세'자子'라고 할 수 있는가 하는 문제였다.

출생에 따른 부자父子나 형제兄弟 관계는 인륜의 관계, 곧 윤서倫序이고 왕위 승계에 따른 왕통의 관계는 계서繼序라는 것이다. 다 아는 바와 같이 조선 제2대 임금 정종定宗과 제3대 임금 태종太宗은 형제 사이였다. 그럼에도 정종 임금이 동생 이방원을 왕세자로 세웠다.[1] 실은 당시 실권자는 후일의 태종 임금인 이방원이었다. 정종 임금이 세운 것이 아니라 이방원 스스로 그런 모양새를 갖춘 것이었다.

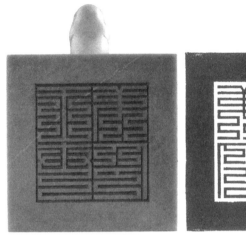
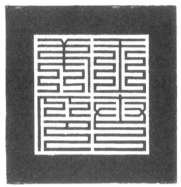

왕세제 옥인 | 1721년(경종 1) 연잉군이 왕세제로 책봉될 때 받은 옥으로 만든 인장이다. 인면에 '王世弟印'이라고 새겨져 있다. 국립고궁박물관 소장

《정종실록》에는 왕세제인가 왕세자인가 논의를 했다는 기록이 없다.

그런데 경종 1년에 와서 예조에서는 왕세자로 정한 이유를 태조 임금이 상왕上王으로 생존해 있었기에 상왕이자 아버지 앞에서 아우인 이방원이 윤서를 앞세워 정종을 형으로 대우하여 높이는 것이 압존에 어긋나기 때문에 계서를 앞세워 왕세자로 했다고 해석한 것이다. 압존이란 웃어른께 말을 할 때 그 웃어른을 기준으로 존댓말을 써야 한다는 예법이다. 웃어른께 그 웃어른보다는 낮고 자신보다 높은 사람을 가리킬 때 자신을 기준으로 높여 말하면 안 되고 웃어른을 기준으로 낮추어 말해야 한다. 예를 들면, 할아버지 앞에서 손자가 아버지를 가리켜 말할 때 '아버님'이라고 하면 안 되고, '애

비'라고 해야 한다. 정종 대에 이방원을 왕세자로 호칭을 정한 것이 압존에 해당하는지는 논란의 여지가 있다.

아무튼 예조에서는 이러한 논리를 내세워 연잉군을 '세제'로 정할 것을 제안하였다. 그러면서 주요한 사안을 논의할 때 늘 그렇듯이 대신들의 의논을 들어보시라고 하였다. 이에 영의정 김창집과 좌의정 이건명 등 연잉군을 미는 노론 핵심 인물들은 예조의 제안대로 왕세제로 하자는 의견을 내었다.

오늘날의 사세는 정종 임금 때와는 다른 바가 있습니다. 인종仁宗 임금께서 건강이 위태로워지셨을 때에 명종明宗 임금은 대군大君으로 있었는데 이언적李彦迪이 그를 세제로 봉하여 국본國本을 확정 짓자는 주장을 한 바 있습니다. 지금 연잉군의 위호는 마땅히 왕세제로 정해야 할 것입니다.

노론 핵심 인물들은 인종 임금에서 명종 임금으로 왕위가 이어질 때 이언적이 그 위호를 세제로 하자고 주장하였고 하면서 전례로 제시하였다. 하지만 이는 사실이 아니다. 인종 임금은 1544년중종 39 11월 20일에 즉위하여 이듬해 1545년인종 1 7월 1일에 31세로 승하하였다. 재위 기간이 6개월 남짓이었고, 그 사이에 왕위 승계자에 대한 논의를 하였다는 기사는 찾기 어렵다. '세제'라는 말은 1545년 명종 즉위 8월 22일 조정의 고위 관원들이 모여서 여러 논의를 하는 가운데 나왔다.¹² 하지만 이 말을 한 사람은 이언적이 아니라 당시 대사간이었던 김광준金光準이었다. 인종 임금이 아들이 없었고 대군도 둘도 아닌 한 명만 있었으므로 인종 임금이 3년 정도만이라도 재위하였다면 대군, 곧 명종 임금을 반드시 세제로 책봉하였을 것이라는 말이었다. 세자가 아닌 세제로 정하였다는 전례로 거론하기에는 별 의미가 없는 말이었다. 세제로 정하자는 것은 이렇게 근거가 약한 주장임에도 경종 임금은 김창집 등의 주장대로 시행하라고 명하였다.

세자나 세제는 왕위 승계자라는 점에서는 차이가 없다. 하지만 세제는 윤서를 따른 관계요, 세자는 계서를 따른 관계이다. 세자로 정하면 경종 임금의 왕통을 잇는다는 의미가 강하다. 이에 비해 세제로 정하면 윤서로는 경종 임금의 아우요, 계서로는 부왕인 숙종의 왕통을 잇는다는 의미가 은연중에 내포되어 있다고 볼 수 있다. 노론 측에서는 이러한 저의를 드러내놓고 언표하지는 못하였으나 암묵적으로 경종 임금의 왕통을 잇지 않고 숙종 임금의 왕통을 잇는 자리를 만들고 싶었던 것이 아닌가 생각된다. 이러한 복잡한 속내를 깔고 연잉군의 칭호는 왕세제로 결정되었다.

《경종실록》과 《경종수정실록》

앞에서 말했던 바, 연잉군을 왕세제로 결정하는 과정을 알려주는 기사는 《경종실록》에 실려 있는 것이다. 《경종실록》은 당연히 경종 임금이 승하한 직후 영조 초년에 편찬되었다. 경종 연간 소론이 노론을 대거 숙청하여 정국의 주도권을 장악하였고, 영조 임금이 즉위한 뒤에도 그 판세는 유지되었다. 경종 대의 정치적 흐름을 일거에 뒤집기가 어렵기도 하였고, 또 영조 임금으로서는 자신을 지지한 노론 측에 주도권을 주기보다는 자기 자신이 정국의 주도권을 행사하려는 나름의 계산을 하고 있었다.

소론이 편찬을 주도한 《경종실록》에는 당연히 소론의 시각이 반영되어 있다. 겉으로 보면 연잉군을 왕위 승계자로 세우는 경위를 알리는 기사는 사실을 그대로 전하는 것으로 보인다. 하지만 그 이면을 들여다보면 꼭 그런 것만은 아니다. 연잉군을 왕세제로 세운 것이 김창집을 비롯한 노론 핵심 인물들이 무리하게 추진한 일이었고, 마땅치 못한 일이었다는 판단이 은연중에 담겨 있다.

《경조실록》에 대비되는 자료로 《경종수정실록》이 있다. 《경종수정실록》은 1778년정조 2 편찬이 시작되어 1781년정조 5 7월에 완성되었다. 영조 임금이 승하한 뒤 정조 초년에 《영조실록》을 편찬하는 과정에서 《경종실록》도 수정해야 한다는 주장이 제기되어 《경종수정실록》이 함께 만들었다. 《경종실록》에 비해서 노론계의 시각이 더 강하게 반영되었다. 경종 연간에 소론이 노론 인물들을 대거 죽이고 유배를 보내는 등 심하게 처벌했던 신임옥사辛壬獄事에 관련된 내용을 노론의 입장에서 수정하는 것이 주된 목적이었다.

《경종수정실록》에 실린 연잉군 건저에 관한 기사에도 객관적인 사실은 《경종실록》과 큰 차이가 없다. 다만 《경종수정실록》에는 《경종실록》에 없는 이건명의 말이 추가되었다.[13]

자성께서 하교하실 적에 매양 '국사國事를 우려하여 억지로 죽과 마실 것을 겨우 마신다'고 말씀하셨으니, 비록 상중에 계시지만 그 종사를 위한 염려가 깊으실 것입니다. 이 일은 일각인들 조금도 늦출 수 없기에, 신등이 감히 깊은 밤중에 청대請對하였습니다. 원컨대 생각을 더 하시어 조속히 대계大計를 결정하소서.

    조속히 왕위 승계자를 정하는 것이 인원왕후의 뜻이었음을 강조하여 경종 임금을 압박하는 셈이다. 연잉군을 왕위 승계자로 세운 것이 노론의 공로임을 내세우면서도 그 근거로 인원왕후의 뜻이었다는 사실을 뒷받침하여 신하로서 왕위 승계에 관여했다는 공박에 대해 방어하려는 저의가 숨어 있다고 볼 수 있다. 《경종수정실록》을 만든 이들이 이러한 방어 논리를 깊이 염두에 두고 있었음을 건저 기사에 딸린 사신의 말14을 통해 알 수 있다.

    처음에 임금이 동궁東宮에 있을 때 이이명이 임금이 계시는 대전大殿에서 독대하니, 어떤 사람들은 '이이명이 연잉군을 추대하려 한다'고 의심하였다. 오직 임금만 이이명이 독대한 까닭을 알고 있었다. 임금이 즉위하자 영의정 김창집 등이 저사를 세울 것을 청하니, 임금이 흔쾌히 연잉군을 세워 세제로 삼고, 마치 독대하였다는 사실조차 알지 못하는 것같이 일찍이 그 사실을 조금도 꺼림칙하게 여기지 않으셨다. 천하의 지극히 인자하고 크나큰 도량이 아니라면 어찌 이와 같았겠는가?

    사신은 《경종수정실록》을 편찬하는 데에 참여하였던 사관이다. 정조 초년 노론 계열의 시각을 대변하여 이러한 글을 끼워 넣은 것이다. 연잉군을 왕세제로 세운 사실을 이야기할 때 노론 계열에서 늘 꺼림칙하게 여기던 바가 바로 1717년숙종 43 숙종 임금과 이이명의 독대 사실이다. 말하자면 건저 논의가 이정소의 상소로 비롯된 것이 아니라 이미 숙종 말년부터 노론이 꾸미고 결정한 것이 아닌가 하는 소론의 공박에 대한 답변이 궁색하였다고 할 수 있다. 이러한 궁색함을 나중에 노론 계열에서는 경종 임금 자신이 독대에 관계없이 연잉군을 후계자로 흔쾌히 결정하였다는 말로 대응한 것이다. 과연 경종 임금이 연잉군을 후계자로 지명하는 데에 정말 흔쾌히 동의하였는지, 경종 임금 외에 누가 알겠는가? 이 문제는 두고두고 노론과 소론의 갈등의 주제가 되었다.

왕세제의 고사

왕세제로 정해진 연잉군은 이러한 사태의 진행에 아무런 반응을 보이지 않을 수가 없었다. 연잉군을 왕세제로 정한 것은 8월 20일 밤을 지새우며 이루어진 일이었다. 바로 다음날 연잉군은 자신이 왕세제로 정해진 사안을 거두어주길 청하는 상소를 올렸다.[15]

신은 어리석고 불초不肖하여 지금의 작위에 있는 것만으로도 이미 분수에 넘치는 일이옵니다. 늘 부끄럽고 두려워 연못이나 골짜기에 떨어진 것 같습니다. 그런데 이번에 천만뜻밖에도 감당할 수 없는 명이 갑자기 내려질 줄은 생각지도 못하였습니다. 신은 이 명을 듣고 심장과 간담이 함께 떨어진 듯하여 놀랍고 두려워 울면서 몸 둘 바를 모르겠습니다.

신의 성정은 본래부터 서투르고 거칠기에 오직 한갓 저의 분수를 지키면서 성군의 치세에서 평안을 누리는 것만을 마음속에서 항상 계획했습니다. 신의 거짓이 없는 속마음은 다만 천지신명께서 질정質正하실 수 있을 뿐 아니라, 선대왕의 오르내리시며 돌아보시는 혼령도 밝게 비추고 계시면서 위에서 거룩하게 밝히고 계신데 어찌 제가 속일 수가 있겠습니까? 삼가 원컨대 자비로우신 성상께서는 자성께 아뢰셔서 속히 내리신 명령을 거두어주소서.

가만히 있기만 해도 왕위 승계자가 되고 임금이 되는 것이 아니다. 권력은 나누는 것이 아니다. 권력의 속성은 독점하려 하는 것이다. 2인자가 자신에게 위협이 된다고 생각하면 최고 권력자는 대개 그를 제거하려고 한다. 그래서 짐짓 권력을 넘겨주겠다고 떠보기도 한다. 그럴 때 기다렸다는 듯 덥석 받으려고 하면 권력을 넘보는 게 아닌가 의심을 받게 되어 견제당하고 종국에는 제거되는 경우가 많다. 연잉군이 그런 상황에 처했다. 왕세제가 되는 것은 왕위 승계자가 되는 것이지만, 반면에 극심한 노론과 소론의 대립의 틈바구니에서 자칫하면 목숨이 날아갈 수도 있었다. 연잉군은 신속하게 상소를 올리지 않을 수 없었고, 그 내용은 간절할 수밖에 없었다. 이러한 연잉군의 상소에 대하여 경종 임금은 승지를 보내어 왕명을 적은 문서를 내려 답하였다.

미리 왕위 승계자를 정하는 것은 종사를 중히 여기려는 뜻이다. 내가 변

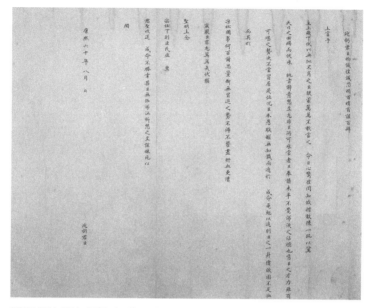

연잉군 상언 | 1721년(경종 1) 8월 20일 연잉군을 왕세제로 정하자 바로 이튿날 연잉군이 왕세제라는 위호를 받을 수 없다고 올린 상소문이다. 한국학중앙연구원 장서각 소장

변치 못하여 이미 30세가 지났는데도 아직껏 뒤를 이을 후사가 없으며, 또 기이한 질병마저 있으니 국사를 생각해보면 무엇을 어떻게 해야 할지를 모르겠다. 이에 위로 자성께 아뢰고 아래로 여러 신하들의 청을 좇아 네게 왕위 승계자의 무거운 자리를 맡기노라. 마음을 늘 조심하고 조심하여 부지런히 하여 백성들의 큰 희망에 부응토록 하라.

육신의 힘도 약하고 정치적 기반도 약한 경종 임금의 나약한 기운과 처지가 행간에 배어 있다. 왕세제라고 해서 기반이 든든하고 힘이 넘치지는 않았다. 위태로운 처지는 경종 임금보다 더하였다. 건저와 같이 무겁고도 큰일에 대해서 사양하는 상소를 한 번만 올리면 안된다. 속으로 왕위 승계를 바라고 있다는 오해를 받을 수 있기 때문이다. 다음날 연잉군은 다시 같은 취지의 상소를 다시 올렸다.[16]

아뢰건대 하나도 제대로 된 바 없는 불초한 몸으로 외람되이 만에 하나라도 감당할 수 없는 명령을 받고 보니, 신의 마음은 놀랍고 황망하여서 어찌할 바를 모르겠습니다. 감히 한 통의 상소를 올려 하늘의 해와 같은 주상의 눈길로 돌아보아 주시기만을 바랄 뿐입니다. 내려주신 비답을 삼가 받들고 보니 글의 뜻이 간절하고 지극하시어 더욱 신이 받들어 감당할 수 있는 일이 아닙니다.

아! 신의 재주와 역량이 비록 감당할 수 있는 형세가 있더라도 결단코 이 자리에 감히 올라설 수 없습니다. 하물며 신은 본디 어리석고 어리석어 재주와 식견도 없는데도 이미 내리신 명령에 억지로 내몰려서 나아간다면 신 한 몸이 넘어지고 깨어짐은 마음 쓸 바 없다 하여도 종사와 나랏일은 어떻게 되겠습니까? 백방으로 생각해보아도 감히 나아가야 할 형세는 전혀 없습니다. 엎드려 원하오니 위로 종사를 생각하시고 아래로 신민의 뜻에 부응하셔서 빨리 자성께 아뢰시어 이미 내리신 명령을 거두어 주소서.

연잉군의 상소의 내용은 의례적으로 들리기도 하고, 또 어찌 보면 무언가 본심이 담겨 있는 것도 같다. 이에 대해 경종 임금은 다시 승지를 보내 유서를 내렸다.

> 어제 내린 비답의 글에서 이미 상세히 말했으니 다시 무엇으로 여러 말을 내리겠느냐? 더 이상 사양의 말은 하지 말고 나의 마음을 편안케 하라.

그 내용은 역시 짧고 건조했다. 만사 귀찮다는 듯한 어투다. 무기력하고 무관심하며 무능력한 경종 임금의 상태가 느껴지는 글이다.

소론의 반발

이렇게 상황이 왕세제 책봉으로 흘러갈 때 소론 측에서는 방관만 할 수는 없었다. 건저를 반대하는 상소가 올라왔다.[7] 그 첫 번째 공격수는 사직司直 유봉휘柳鳳輝, 1659~1727라는 사람이었다. 유봉휘는 영의정을 지낸 유상운柳尙運, 1636~1707의 아들로서 강경한 소론에 속하였다. 유봉휘는 상소를 올려 건저의 부당함을 조목조목 공박하였다. 그 요점은 다음과 같은 다섯 가지이다.

하나, 건저 논의를 추진한 경위가 너무 급하고, 마땅히 참여해야 할 전현직 고위 관료들을 배제하였으니 부당하다. 둘, 경종 임금과 왕비의 나이가 아직 젊고, 또 건강에 문제가 있다면 치료하는 데 정성과 방법을 다하여 후사를 얻는 데 힘을 써야지 즉위한 첫 해에 건저를 추진하는 까닭을 모르겠다. 셋, 국정을 맡고 있는 대신들이 이정소와 말을 맞춘 정황이 분명히 있다. 넷, 자성의 하교를 기다리지 않고 곧바로 경종 임금을 독촉하였으니 신하로서 예를 갖추지 않은 것이다. 다섯, 후계자를 정하는 막중하고 막대한 일을 허둥지둥 급하게 서둘렀다. 이러한 이유로 비록 건저는 다시 논의할 수 없다 하여도 대신과 여러 신하들이 전하를 우롱하고 협박한 죄는 밝혀서 처벌하여야 한다.

유봉휘의 상소 내용은 타당성이 있다고 보아야 할 것이다. 하지만 이는 정치 공방으로 번지지 않을 수 없는 논점이다. 그저 일개인의 상소로 그칠 수 없는 폭탄 발언과 같은 것이었다. 소론 측에서 처음으로 건저의 문제점을 제기한 상소이니만큼 이후 노론과 소론 사이 공방의 초점이 되었다. 곧바로 승지가 임금께 입시하여 유봉휘의 상소를 읽어 올렸다. 그러면서 제동을 거는 말을 보태었다.

전하의 명령이 내려졌고 저위가 이미 결정되었으니 신하된 자는 마땅히 감히 논의를 제기할 수가 없는데도 유봉휘가 이런 상소를 올렸으니 규례에 따르자면 위에서 비답을 내리실 수 없습니다. 대신과 삼사三司 언관들을 불러서 의견을 물어서 처분하심이 마땅합니다.

경종 임금은 자성께 아뢰어 처리하겠다고 하면서 승지에게 상소를 놓아두고 나가라고 하였다. 여기서도 경종 임금의 우유부단함이 엿보인다. 승지가 굳이 대신 이하 신료들을 들어오도록 명하기를 청하자 임금이 윤허하였다. 대신과 삼사 관원들이 합문 밖에 와서 기다렸으나 임금은 오랫동안 이들을 만나주지 않다가 밤중이 되자 비로소 비망기備忘記라는 형식의 문서를 내렸다.

선대왕께서 해와 달과 같은 총명으로 나에게 후사가 없음을 깊이 염려하셨는데, 지금까지도 나의 병이 점점 더하여져서 아들을 얻어 선대왕께서 부탁하신 중대한 임무를 공경히 받들 가망이 없다. 밤낮으로 근심하고 두려워한 나머지 편안히 거처할 겨를이 없다. 어제 대간의 상소에 '종사를 위해서 국본國本을 정해야 한다'는 말은 바로 선왕의 극진하신 생각과 나의 근심스럽고 한탄스러운 뜻에 부합되었다. 그래서 자성께 우러러 아뢰었더니 '효종대왕의 혈맥이자 선왕의 골육으로는 단지 주상과 연잉군이 있을 뿐이다'라고 말씀하셨다. 자성의 하교가 지극히 간절하여 나도 모르는 사이에 눈물이 흘렀다.
내게 후사를 이을 희망이 조금이라도 있으면 어찌 이런 하교를 내리겠는가? 이미 저사를 정하였으니 실로 이는 종사의 한없는 복이며 또한 내가 크게 바라던 바이다. 유봉휘의 상소가 천만뜻밖에 나와서 말이 미친 듯 망령된 바가 있으니, 이 사람이 어떤 사람이기에 어찌하여 이와 같단 말인가? 그냥 내버려 둘 수 없으니, 경들이 논의하여 계를 올려 아뢰라.

경종 임금의 비망기는 결국 소론 유봉휘를 배척하고 노론의 손을 들어주는 것이었다. 이 비망기를 근거로 노론 측에서는 영의정 김창집, 좌의정 이건명 이하 사헌부 사간원의 관원들이 나서서 유봉휘의 말을 조목조목 반박하며 반격의 날을 세웠다.

또한 새 왕세제의 마음을 불안하게 하여 국본을 동요하게 한다는 죄목을 더하였다. "그의 용납할 수 없는 반역의 마음, 부도不道한 죄를 만약 엄하게 징계하여 다스리지 않는다면 난신적자亂臣賊子가 반드시 장차 뒤를 이어 일어날 것이니 청컨대 국청鞫廳을 설치해서 엄하게 문초하여 왕법王法을 바로잡으라"고 하였다. 노론이 유봉휘를 배척하는 글에는 극단적인 용어들이 동원되었다. 이러한 노론의 공격을 경종 임금이 윤허하였다. 이렇게 유봉휘는 노론의 집중적인 공격을 받았고, 그와 함께 노론과 소론의 대립은 돌이킬 수 없는 지경에 이르게 되었다.

왕세제의 사양

이렇게 노론과 소론이 점점 더 극단적으로 격돌하는 판국에 왕세제는 더욱 위태로운 상황으로 내몰렸다. 왕세제로서는 가만히 있을 수가 없었다. 다시 상소를 올리지 않을 수 없었다. 상소의 내용은 어찌 보면 당연한 것이지만, 왕세제의 심경을 읽는 데 도움이 되기에 다시 그대로 옮겨보기로 한다.[18]

신의 숨김없는 속마음은 지난번 상소에서 전부 쏟았습니다. 그래도 오히려 마음에 쌓인 것이 있으니 어찌 한 번 전하께 진달하지 않을 수 있겠습니까? 아! 신이 불초하고 보잘것없는 몸으로 차마 하늘이 무너지는 애

통함을 보고 구차하게 숨 쉬는 짓을 연장하고 있으니 이 자체가 참으로 어둡고 완악함입니다만, 세월은 덧없이 흘러서 어느덧 연제練祭, 곧 상을 치르면서 첫 단계로 지내는 제사를 지냈습니다. 선대왕을 추모追慕하고 부르짖어 울며 이 세상에 살고 싶은 생각이 전혀 없는 지경인데 천만 꿈속에서도 상상할 수 없는 바, 신자臣子로서 감히 들을 수 없는 하교를 갑자기 내리셨습니다. 신은 놀라고 당황하여 몸 둘 바를 몰라 차라리 땅을 파고 들어가고 싶으나 그럴 수도 없나이다. 신의 타고난 성품은 용렬하고 노둔하여 백에 하나 재능도 없습니다.

저사의 지위가 이 얼마나 중대한 것입니까? 그런데 갑자기 만에 하나라도 그 근처에 미치지도 못하는 신의 몸에 주어졌으니 어찌 다만 신의 마음만 두렵고 떨릴 뿐이겠습니까? 다른 한편 우리 성상에서 적합하지 않은 사람에게 저위를 부탁함으로써 선대왕이 큰일을 어려움 속에 던지신 깊은 뜻을 저버릴까 두렵습니다. 곧 자성께서 하교하신 '효종 대왕의 혈맥이요 선대왕의 골육'이라는 말씀을 엎드려 읽어보니 신은 저도 모르는 사이에 소리를 지르고 길게 불러 피눈물이 이리저리 흐르는 것도 몰랐습니다. 아! 비록 신이 선왕께로부터 몸을 받았다 하여 특별히 조종조에서 과거에 행하였던 전례를 행하였습니다만, 신이 아무런 재주를 갖고 있지 않음을 돌아보건대 어찌 감히 함부로 분수가 아닌 직임을 탐낼 수가 있겠습니까? 신의 하찮은 목숨이 이미 선왕을 따라 지하로 가지 못하고 오늘 도리어 이런 하교를 받들게 되었으니 하늘을 우러러 통곡하기를 낮부터 밤까지 계속합니다. 어찌 감히 말을 꾸며 거짓으로 사양하여 이렇듯 귀찮고 번거롭게 하겠습니까? 오직 산속이나 들판으로 도망하여 숨어 여

왕세제 책봉 기념 죽책 | 1721년(경종 1) 9월 26일 연잉군을 왕세제로 책봉하면서 내린 교명문敎命文을 적은 죽책이다. 대나무를 다섯 쪽씩 금으로 도금한 구리쇠로 엮고 이것을 여섯 면을 고리로 연결하여 책 모양을 만들었다. 국립고궁박물관 소장

생을 마치기를 바랄 뿐인데 그 또한 그리 할 수가 없습니다. 엎드려 바라오니 신의 지극하고 간절한 마음을 살피시어 속히 이미 내리신 명령을 거두소서.

왕세제의 상소는 실제 그대로 받아들여질 수 없는 것이었다. 경종 임금은 상소가 들어온 다음날 '이미 전후의 비답과 교지 가운데 다 말하였으니 다시 무엇을 유시하겠는가? 자성의 하교가 지극히 절실하고 지극히 간절하며 예전에 이미 행하였던 왕명으로 전해진 전례가 있으니 공경히 받들어서 모름지기 연달아 상소하지 말라'고 답하였다. 그렇지만 왕세제는 8월 25일에 또 왕세제 임명을 거둘 것을 청하는 취지의 상소를 올렸다.[19] 물론 경종 임금도 더 이상 번거롭게 하지 말라는 취지로 다시 비답을 내렸다. 이렇게 왕세제가 임명을 취소해달라는 상소를 연달아 올린 것은 노론과 소론 사이의 대립 상황에서 살아남기 위한 몸부림이었다고 할 수 있다.

이후 유봉휘를 향한 노론의 공격이 더욱 강해졌다. 대신과 2품 이상의 관원들 그리고 삼사 언관들이 빈청賓廳에 나아가 유봉휘를 처벌해야 함이 마땅한데, 이를 국문鞠問으로 다스리는 조치가 늦어져 왕세제가 불안하여 상소를 올리고 있으니 속히 국문하여 처단하라고 요구하였다. 이 시기 정국의 주도권은 노론이 장악하고 있었고, 이들 관원들은 거의 다 노론에 속하는 인물들이었다.

노론 측의 공격 대상은 유봉휘로부터 소론의 영수격인 우의정 조태구에게로 옮겨 갔다. 조태구가 사당私黨을 비호할 생각으로 흉악한 역적인 유봉휘를 구원하려 하기만 하니 그의 벼슬을 빼앗고 내쫓으라는 것이었다. 하지만 경종 임금은 이러한 요구들을 모두 받아들이지 않았다. 경종 임금이 드러내놓고 말하지 않았지만 심정적으로는 노론보다 소론에 기울어 있었다고 보아야 할 것이다. 이 시점에서 현실적으로 노론의 세력과 발언권이 더 강하였기에 경종 임금이 노론의 주장을 거부하지 못하여 따르는 경우가 많았다고 해도 노론의 편을 들었다고 단정 지을 수 없다.

경종 임금도 그렇지만 특히 왕세제가 노론의 공격이 거세어진다고 하여 이에 동조할 수는 없었다. 왕세제는 유봉휘에게 큰 죄를 주지 말라는 뜻으로 상소하였다.[20] 경종 임금 역시 왕세제의 뜻에 따라 마음을 편안히 해주겠노라고 응답하였다. 하지만 노론과 소론의 대립이 종식된 것은 아니었고, 유봉휘를 처벌하는 문제는 여전히 불씨로 남아 있었다. 이렇듯 노론과 소론 사이의 전운이 짙어가는 상황 속에서 왕세제 책봉이 진행되었다.

3.

책봉冊封

세제시강원 구성

8월 20일 연잉군이 세제로 결정된 지 이틀 뒤인 8월 22일부터 연잉군을 맞이하는 절차가 진행되었다. 먼저 세제를 보필할 사람들을 선임하였다. 조선에서는 세자를 교육하며 보필하는 관서를 세자시강원世子侍講院, 별칭으로 춘방春坊이라 하였다. 세자시강원은 정3품 아문으로[21] 실무적인 장은 정3품 관직인 찬선贊善이었다.

하지만 세자시강원의 가장 높은 관직은 사師였다. 사는 말하자면 세자의 으뜸가는 스승이라는 의미를 갖고 있었으며 정1품 영의정이 맡게 되어 있었다. 사 다음으로 좌의정이나 우의정 가운데 한 사람이 맡는 정1품의 부傅가 있고, 연이어 종1품 찬성贊成이 맡는 이사

貳師, 정2품 자리인 좌빈객左賓客과 우빈객右賓客, 종2품 자리인 좌부빈객左副賓客, 우부빈객右副賓客 등이 있었다. 사, 부, 빈객 등이 세자를 가르치는 선생님의 의미를 갖는 관직들이었다.

연잉군을 왕세제로 정한 뒤에도 별도의 관서 명칭을 정하지 않고 세자시강원의 체제를 그대로 따라서 동궁의 궁관宮官을 구성하였다.[22] 이른바 세제시강원世弟侍講院으로서, 사는 영의정 김창집이 맡고 부는 좌의정 이건명, 좌빈객에 송상기宋相琦, 우빈객에 최석항崔錫恒, 좌부빈객에 이관명, 우부빈객에 이만성이 이름을 올렸다. 이상의 인물들은 최석항을 빼면 모두 노론이었다. 당시 최석항의 관직은 이조 판서였는데, 노론의 공격을 받고 있어서 그 관직을 사양하고 실무를 보지 않고 있는 상태였다. 노론으로서는 왕세제 주변에 가능한 소론 인물을 두지 않고, 자신들이 독점하려는 저의가 보이는 인선이었다.

이들 새로 제수된 궁관들은 세제의 사저, 곧 창의궁으로 가서 신임 인사를 올리고, 그 가운데 한 사람이 사저의 문 밖에서 숙직하기 시작하였다. 이제 왕세제를 모시는 궁관으로서 밤에도 그 곁을 지키기 시작하였다는 뜻이다. 궁관들 가운데 가장 높은 지위에 있는 사와 부, 빈객은 세제의 스승의 지위이므로 사저로 가서 인사를 드리지 않고 세제가 궁궐에 들어오기를 기다려서 인사를 하게 하였다.[23]

왕세제는 임금이 되기 위한 수업을 받아야 하였다. 임금이 홍문관원과 유교 경전이나 역사서를 함께 읽고 토의하는 것을 경연經筵이라고 하는 데 대하여 세자가 세자시강원 관원들과 수업을 하는

춘방 현판 ｜ 세자시강원에 걸었던 현판이다. 춘방은 세자시강원의 별칭이다. 1829년(순조 29)
당시 세자로서 대리청정을 하던 효명세자가 글씨를 썼다. '보도계옥輔導啓沃'은 자신을 바르게
이끌어주고 마음을 열어 가르쳐달라고 당부하는 말이다. 국립고궁박물관 소장

것은 서연書筵이라고 하였다. 서연에서 읽는 교재는 세자의 나이와
이해 수준에 맞추어 정하였다. 사, 부, 빈객 등 세자시강원의 고위
관원들이 후보를 정하여 임금께 올리면 세자의 수업 교재를 임금이
최종적으로 결정하는 절차를 밟았다. 왕세제의 교재로는《강목綱目》
과《소학小學》이 선택되었다.[24]

　《소학》은《천자문千字文》을 뗀 어린 학동들이 본격적인 유교 윤리
를 배우는 입문 단계의 교재이다. 스물여덟에 이른 왕세제가《소학》
을 배우는 것은 여러모로 걸맞지 않지만, 서연을 처음 하는 것이라
서 입문 단계의 교재를 선택하였으리라 짐작된다. 하지만《소학》하

나만 강독하기에는 왕세제에게 누가 된다고 볼 수 있기에 《강목》을 추가로 선택한 것으로 보인다.

《강목》의 전체 이름은 《자치통감강목資治通鑑綱目》이다. 송宋나라 사마광司馬光이 지은 중국의 역사서 《자치통감資治通鑑》을 성리학을 집대성한 주희朱熹가 큰 제목에 해당하는 강綱을 설정하고 강 아래에 작은 제목인 목目을 세워서 내용을 분류하여 정리한 책이다. 강목체는 공자가 지은 역사책인 《춘추春秋》의 형식을 따른 것이다. 하지만 주희는 이 책을 완성하지 못하였고 그의 제자인 조사연趙師淵이 완료하였다. 《강목》은 조선 초기부터 조선에서도 간행되어 중국 역사의 대표 사서로 널리 읽혔고, 경연이나 서연의 교재로 쓰였다. 이러한 전통을 따라 왕세제의 서연에서도 교재로 채택된 것이다.

사, 부, 빈객은 왕세제의 수학 능력을 가늠하고 교재를 통해 지도하는 일을 수행하였다. 또한 왕세제와 의전상 스승 제자라는 관계를 맺었다. 더 나아가 정치적으로도 같은 노선을 지향하며 서로 연결되는 경우가 많았다.

노론 영수 김창집

조선에서는 세자를 세우면 이를 중국에 알리고 인정을 받는 절차를 진행하였다. 이러한 일은 오늘날의 눈으로 보자면 사대적 행위라고 할 수 있다. 하지만 중국이 누구를 세자로 세우라고 간섭한다던가,

김창집 초상 | 김창집은 경종
연간 노론 사대신 가운데서도
영수와 같은 위치에 있었던
인물이다.
이 초상화는 그가
72세 때 그려진 것이다.
이로부터 2년 뒤 일어난
신임옥사로 사사되었다.
국립중앙박물관 소장

누구는 안된다고 하는 일은 거의 없었다. 조선 조정 안에서 결정하
여 중국에 알리면 이를 인정하는 정도의 외교적, 의전 절차를 진행
하였다. 이는 동아시아에서 널리 행해지던 외교 관례로 이해할 만
한 일이다.

연잉군을 왕세제로 정하고 나서도 당연히 이러한 절차를 밟았다.
그런데 왕세자가 아닌 왕세제라는 점은 특이한 일이었기에 당시 조
선 조정에서는 좀 더 신중하게 접근하지 않을 수 없었다. 우선 청나
라에 세제의 책봉을 주청奏請하여야 한다고 이야기를 꺼낸 사람도
세제 책봉을 가장 앞장서서 이끈 노론사대신의 핵심 인물인 영의정

김창집이었다.

김창집은 안동 김씨 가운데서도 서울의 서북쪽 백운동천白雲洞川 상류 일대에 터를 잡은 장동壯洞 김씨 가문 출신이었다. 장동 김씨 가문은 병자호란 때 척화파로 유명한 김상헌金尙憲과 김상용金尙容으로부터 일어난 가문으로, 조선 후기 이후 서울에 근거를 둔 유력 가문 가운데서도 첫손가락으로 꼽는 가문이었다. 그 가문은 19세기 순조 연간 김조순金祖淳 대에 가서 가장 대표적인 세도勢道 가문으로 부상하였다.

김창집은 숙종 전반기 영의정을 지낸 김수항金壽恒, 1629~1689의 아들이다. 김수항의 아들은 여섯이었는데 모두 '창昌'자 돌림이기에 이들을 육창六昌이라도 불렀다. 김창집은 그 가운데 정치적으로 노론의 핵심으로서 가장 적극적인 활동을 한 사람이다.

김창집이 발론에 따라 사신으로 갈 사람이 정해졌는데, 그 정사正使로 결정된 사람도 다름 아닌 김창집이었다. 김창집이 스스로 정사를 자청했다고 해도 과언이 아니다. 영의정이 사신으로 가는 일도 흔한 일은 아니었다. 참의參議 조태억趙泰億의 관품을 높여서 부사副使로, 유척기兪拓基를 서장관書狀官으로 삼았다.[35] 다만 이 결정을 두고 곧이어 다른 사람이 가는 것으로 논란을 벌이다가 이건명이 가는 것으로 확정되었다. 김창집은 연잉군을 왕세제로 정하는 일을 추진하는 데 가장 고위직 핵심 인물이라고 할 수 있다. 그런 그가 자청하다시피 하여 청나라에 정사로 가겠다고 나선 것은 연잉군을 세제로 자리 잡게 하기 위해 얼마나 힘을 쏟았는지 여실히 보여주는 장면이다.

입궁

왕세제와 세제빈은 1721년^{경종 1} 9월 6일 궁궐로 들어왔다.²⁶ 왕세제는 베로 싼 익선관^{翼善冠}을 쓰고 흰 겉옷을 입고 베로 싼 서대^{犀帶}를 갖추고 나왔다. 흰옷을 입고 관과 대를 베로 싼 까닭은 아직 부왕 숙종의 복상^{服喪} 기간이었기 때문이다. 큰 가마나 작은 가마를 타야 할 때에도 눈물을 흘리며 굳이 사양하다가 동궁의 관원이 억지로 청한 뒤에야 탔다. 가마를 탈 때마다 눈물을 흘리며 사양한 이유도 같다.

당시 숙종 임금의 신주를 모신 혼전^{魂殿}인 효령전^{孝寧殿}이 창경궁에 있었고, 경종 임금이 창경궁에 임어하고 있었기에 왕세제도 창경궁으로 입궁하였다. 왕세제가 창경궁의 정문인 홍화문^{弘化門}에 이르러 큰 가마에서 내린 뒤, 그 다음 타야 할 작은 가마를 물리치고 걸어가려 하니 다시 동궁의 관원이 작은 가마에 탈 것을 힘들여 청한 뒤에야 마지못해 탔다. 홍화문은 세 칸으로 되어 있다. 가운데 문은 어문^{御門}으로서 임금이 드나드는 문이기에 왕세제는 동쪽 협문^{夾門}으로 들어가야 했다. 일반 관원들은 거기서부터 걸어가야 했고, 왕세제는 작은 가마로 갈아타고 가면 되었으나 왕세제는 스스로 예를 갖추려는 뜻에서 걸어가려 한 것이었다. 하지만 왕세제를 모시는 동궁의 궁관들로서는 그렇게 모실 수 없는 법이라 타고 가시라며 강권해서 그대로 따랐던 것이다. 명정문^{明政門} 밖에서 작은 가마에서 내려 명정전 뜰로 나아갔다. 대비전^{大妃殿}과 대전^{大殿}과 중궁전

中宮殿의 승전 내관을 청하여 문안하였다. 직접 가지는 못하고 각 전의 최고위 내시를 불러서 문안을 전함으로써 왕실의 웃어른들에게 인사를 올리는 절차를 밟았다. 이내 효령전의 재실齋室로 들어가 상복인 최질衰経로 갈아입고 효령전 앞으로 나아가 전배展拜를 마쳤다.

왕세제가 찾은 실질적인 첫 장소인 효령전은 1720년경종 즉위 10월 21일 숙종 임금을 명릉에 장사 지내고, 그 신주를 받들어 모신 혼전으로서[27] 실제 건물은 창경궁의 문정전文政殿이었다.[28] 왕세제로 신분이 바뀐 뒤에 처음으로 부왕 숙종 임금을 뵈온 셈이다.

이때 왕세제가 동궁 관원에게 "어찌하여 곡을 하는 의례 없느냐?"고 물었다. 동궁 관원이 "예조에서 마련한 규정이 허술하여 빠진 것 같습니다만, 지금 갑작스럽게 전하께 아뢰어 정할 수가 없습니다"라고 답하면서 우선 정해진 의전 절차에 따라 예를 행할 것을 청하였다. 왕세제가 또 효령전 안으로 들어가 살펴보려 하자, 동궁 관원이 역시 예관禮官이 마련한 절차를 거치지 않았으니 행할 수 없다 하므로 왕세제가 그대로 따랐다.

왕세제로 책봉된 지 얼마 되지 않아서였는지, 아니면 어수선한 분위기여서 그랬는지 예조에서 미처 그런 절차를 진행할 세세한 규정을 마련하지 못하였다. 어쩌면 왕세제 책봉이 시간적인 여유를 가지고 안정적으로 진행되지 못한 탓이 가장 크다고 할 수 있다. 극도로 불안한 정국 아래 이제 막 왕세제가 된 처지에서 그에 대해서 뭐라 불만을 표할 수도 없었다.

왕세제는 효령전 밖으로 나와 국사를 돌볼 때 입는 옷으로 갈아

입고 빈양문賓陽門을 거쳐 내전으로 들어갔다. 빈양문은 명정전 뒤편에 있는 문이다. 연잉군에서 왕세제가 되어 궁궐로 들어오는 이 순간은 영조 임금의 인생에 전환점이 되는 순간이었다. 궁궐 밖의 자연인에서 이제 궁궐의 주인으로서 임금의 자리로 나아가는 첫 발걸음이었다.

입궁한 지 7일째인 9월 13일이 마침 왕세제의 생신일이어서 승정원, 홍문관의 2품 이상 관원과 육조의 문안을 받았다.[29] 이때 나이가 만으로 27세, 우리 나이로 치면 28세였다. 조선의 임금들 가운데 후계자로 올라선 나이순으로 보자면 정종 42세, 태종 34세에 이어 세 번째로 나이가 많은 후계자였다. 정종 임금이나 태종 임금은 조선 개국 초기에 태조 임금이 워낙 늦은 나이에 왕위에 올랐기 때문에 그들도 나이가 많을 수밖에 없었다. 이들을 제외한다면 가장 나이를 많이 먹은 뒤 후계자가 된 셈이다. 소현세자가 갑자기 죽자 봉림대군에서 세자가 된 효종 임금도 27세에 세자가 되었고, 형인 세자가 폐위되어 양녕대군으로 된 뒤에 그를 이은 충녕대군, 곧 세종 임금은 22세에 세자가 되었다. 그 밖의 다른 임금들은 10대도 그리 많지 않고 10세 이전 어린 나이에 세자가 되는 것이 보통이었다.

책봉례

1721년경종 1 9월 26일, 왕세제가 창경궁으로 들어온 지 20일이 지

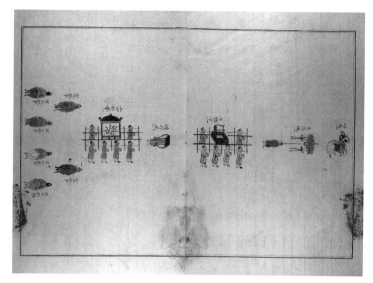

《책례도감의궤冊禮都監儀軌》의 반차도班次圖 | 1721년(경종 1) 9월에 행해진 왕세제 책봉 과정을 기록한 의궤 중 행렬 인원 구성과 위치를 기록한 그림이다. 규장각한국학연구원 소장

나서 드디어 책봉례를 행하였다. 경종 임금이 면복冕服을 갖추어 입고 인정전仁政殿에 임어하여 왕세제와 왕세제빈에게 죽책竹冊을 주었다.[30] 죽책이란 왕세자나 세자빈을 책봉할 때 그 교명문敎命文을 새긴 대나무로 만든 책 모양의 문서를 말한다. 왕비를 책봉할 때는 옥으로 만든 옥책玉冊을 썼다. 왕세제와 세제빈은 책봉을 받기를 마치고 효령전에 전알하였다.

이상의 행위는 겉으로 보자면 왕위 승계자로서 정상적인 절차요, 의례라고 할 수 있다. 하지만 이 책봉은 임금이 되는 과정에서 누구나 받는 세자 책봉과는 다른 특별한 배경 아래서 특별한 경위를 거친 결과였다. 여기 오기까지 연잉군은 피를 말리는 심정과 목숨을 담보로 하는 아슬아슬한 곡예를 하지 않을 수 없었다.

책봉례를 한 다음날 책봉을 축하하는 진하進賀 잔치를 인정전 뜰, 조정에서 벌였다. 하지만 여기서 어색한 장면이 연출되었다. 백관들은 모두 예복인 길복吉服을 입고 진하를 하는데 정작 진하를 받을 경종 임금은 그 자리에 임어하지 않았다. 대신 경종 임금은 반교문頒敎文을 내렸다.³¹

왕王은 이같이 말하노라. 금중禁中에서 계책을 결정하매 공경과 사대부가 따르고 뭇 백성이 따르는구나. 왕위의 후계자가 이름이 정해지매 나라의 근본이 안정되고 만 가지 질서가 안정되었다. 한껏 내 마음을 펴 보이는 글을 지어서 목을 길게 빼고 기대하는 백성의 소망에 답하노라. …
도와줄 동궁의 자리가 오래 비어 있으니 누구와 함께 종묘의 신주를 받들 것인가? 나라를 감독할 책임을 부락할 데가 없으니 억조 창생의 마음을 고정할 데가 없었다.

돌아보니 이 어진 아우가 다행히도 왕위를 맡을 길한 기운을 갖추었도다. 총명하고 효성과 우애를 갖추어 아름다운 소문이 일찍 나타났으며, 검약하고 온유하고 공손하여 우아한 태도를 더욱 갖추었다. 궁궐에 들어와서 몇 년 동안 선왕께 드릴 약을 미리 맛보며 모시는 근심을 나와 같이하였다. 내가 세자의 지위에 있을 때 친밀히 지내면서 아동 시절엔 나뭇잎으로 봉작을 임명하는 놀이를 함께 하였다. 친함으로 말하자면 돌아가신 부왕이 친애하시던 사람이요, 명命으로 말하자면 자성의 명을 내

인정전 조정 | 왕세제 책봉례가 행하여진 창덕궁 인정전 조정이다.

려 선포하신 사람이다. …

아! 하늘과 사람들의 마음이 돌아오고 만백성이 바라보며 받드는 의절이 다 간절하도다. 별은 빛나고 바다는 광활하니 온 나라에 노랫소리가 바야흐로 일어나도다. 마땅히 경사를 함께하는 은혜를 미루어 무강無彊의 복을 모두 누리도록 하라. 이런 까닭으로 이에 교시敎示하노니 마땅히 생각하여 잘 알아들을지어다.

이 반교문 어디에도 왕세제를 정하는 데 일었던 갈등의 흔적은 보이지 않는다. 반교문은 임금의 명의로 반포되는 글이다. 하지만 임금이 실제로 글을 짓는 경우는 거의 없다. 문장력이 있으면서 임금의 측근에서 그 뜻을 깊이 헤아리는 인물이 대신 짓는다. 이 경종 임금의 반교문을 실제로 지은 사람은 대제학 이관명이었다.

　이관명은 전주 이씨 이경여李敬輿의 손자이자 이민서李敏敍의 아들로서 노론사대신의 한 사람인 이건명의 친형이요, 정유독대를 했던 이이명의 사촌동생이었다. 노론의 책심 가문 출신으로서 대제학을 맡고 있어서 당대의 문장가요, 학자로 인정받는 인물이었다. 이 반교문은 경종 임금의 의중을 표현한 것이지만 실제로 글을 지은 이관명의 뜻이 들어 있다고 보아야 할 것이며, 조금 더 넓혀 말하자면 노론의 의도가 저변에 깔려 있다고 보아야 할 글이다.

　왕세제는 경종 임금이 임어하지도 않은 인정전 뜰에 나아가 전문을 바쳐 감사를 표하였다. 인정전 조정에서 진하가 끝나고 왕세제는 시민당으로 돌아와서 거기서 백관의 조하朝賀를 받았다.[32] 시민당은 창경궁에 있었던 동궁의 정당正堂이었다. 왕세제가 동궁의 주인이 되었음을 알리는 행사였다.

4· 대리청정 공방

발론

책봉례를 마침으로써 연잉군은 이제 어엿한 왕세제가 되었다. 임금 자리를 이어받을 승계자인 왕세제가 되면 그의 처지가 안정되어야 마땅하지만 사실 그렇지 못하였다. 왕세제의 처지는 더욱 불안정한 상황으로 빠져들었다. 그러한 상황의 원인을 제공한 것은 역설적이게도 그를 왕세제로 세우는 데 앞장섰던 노론이었다. 왕세제로서는 하늘이 무너지고 땅이 꺼진다고 할 만한 쟁점을 그들이 제기했다. 바로 왕세제가 대리청정代理聽政을 하여야 한다는 주장이었다.

청정이란 '정사政事를 듣는다', 곧 임금이 정사를 듣고 처리하는 것을 말한다. 대리청정이란 임금이 늙거나 병들어서 정사를 돌보기 어려운 상황일 때 세자가 임금을 대신하여 대부분의 정사를 돌보는 일을 가리킨다. 이제 겨우 책봉례를 행하였고, 경종 임금이 정사를 돌볼 수 없는 상태인 것도 아닌데 대리청정이라니, 왕세제로서는 자칫 잘못하면 지위뿐 아니라 목숨이 달린 문제였다.

그러한 주장의 말문을 연 사람은 집의執義 조성복趙聖復, 1681~1723이 었다. 집의는 사헌부에 속한 종3품 관직으로서 언관 가운데 가장 관품이 높았다. 조성복은 노론 계열의 인물로서 출신 가문으로 보거나, 학통으로 보거나 그리 뚜렷하게 드러나는 인물은 아니었다. 보통 집의는 실제 언론 활동에서는 한발 비켜서 있는 경우가 많았는데 이때 조성복이 왕세제를 정사를 보는 자리에 참여하게 하라는 주장을 한 것은 그러한 일반적인 언론 활동의 범위를 벗어나는 일이었다. 그 개인의 의견이라기보다는 노론의 선봉으로서 노론을 대변하여 거론한 것이었다고 할 수 있다. 그는 책봉례를 행한 지 보름 뒤인 10월 10일 상소를 올렸다.[33]

전하께서 신료들을 들어오게 하여 만나실 때나 정령政令을 재결하실 때 세제를 불러 곁에 모시고 참여해 듣게 하고, 사안의 가부可否를 헤아려 확정짓게 하면서 사안에 따라 가르쳐 익히게 한다면 반드시 업무에 두루 밝히 훈련하여 나라 일을 처리하는 데 보람이 될 것입니다. 엎드려 원하건대 전하께서는 이 의견을 마음속에 깊이 두시고 우러러 자전께 아뢰어 그 뜻을 받아서 세제를 나아가고 물러가게 하소서.

아직 대리청정을 하라는 주장은 아니나, 왕세제를 임금이 정무를 처리하는 자리에 참여하게 하라는 주장이다. 일찍이 숙종 정축년 1697, 숙종 23에 숙종 임금이 신하를 만나는 자리에 당시 세자였던 경종 임금이 곁에서 모시고 참여해 들음으로써 나라 일을 배우고 익히게 하자는 의견을 제기했던 것처럼 지금 왕세제도 그렇게 하라는 것이다. 당시 세자의 나이가 아직 어렸는데도 그렇게 하였으니 오늘날 동궁은 장성한 나이가 그때 세자였던 경종 임금의 나이보다 갑절이 될 뿐만 아니라 정사를 밝게 익히는 것이 더욱 마땅히 힘써야 할 급한 일이라는 내용이었다.

조성복의 상소에 대하여 경종 임금은 "진달한 바가 좋으니 유의留意하겠다"고 답했다. 그러고는 그날 해질 무렵에 곧 비망기를 내렸다.

내가 기이한 질환이 있어 십여 년 이래로 차도나 회복될 기약이 없다. 이것이 선왕께서 진념軫念하시던 바였다. 내가 국정의 많은 일들을 적절히 처리하기가 실로 어렵다. 지난 정유년1717, 숙종 43에 대리청정하라는 왕명을 내리셨던 이유는 안정을 꾀하며 조섭調攝하시는 데 편리함을 위한 것이었기에 나 자신에 대해서는 다른 이유를 돌아볼 겨를이 없었다. 그러나 내가 등극登極한 뒤에는 밤낮 근심하고 두려워하여 요즘은 증세가 더욱 깊고 심해져서 닥치는 일을 적절히 처리하기가 또한 어려워서 정사가 지체되는 것이 많다. 이제 세제는 젊고 영명英明하므로, 만약 그로 청정하게 하면 나라 일을 의탁할 만하니 내가 마음을 편히 하여 조섭하며 병을 돌볼 수가 있겠다. 크고 작은 나랏일을 모두 세제로 하여금 재단裁斷하게 하라.

정치적으로 입지가 좁은 탓도 있겠지만 권력에 대한 의지도 약하고 역량도 작은 경종 임금의 심중이 묻어나는 글이다. 조성복은 대리청정을 거론하지 않고 정무를 처리하는 데 참석하게 하라고 하였는데, 경종 임금은 이를 받아들여 자신의 정유년 대리청정을 근거 사례로 들면서 대리청정을 하라는 비망기를 내렸다. 정유년 대리청정이란 1717년^{숙종 43} 7월 당시 세자였던 자신이 했던 대리청정을 가리킨다.

찬반 논쟁

경종 임금은 자신의 쓰라린 경험을 되새기며 대리청정 이야기를 제기했을 것이며, 이 문제를 발론하면 순탄하게 진행되지 않으리라는 점을 예견했을 것이다. 누구나 예측할 수 있듯이 승지와 언관들이 곧 임금을 만나 뵙기를 청하여 반대 의견을 말하였다. 그 요지는 '숙종 임금이 왕위에 오른 지 40여 년이 되었던 때였고 또 여러 해 동안 아프면서 안질 또한 있었으므로 대리하라는 명을 내린 것은 실로 부득이한 일이었으나, 지금 경종 임금은 즉위하신 지 겨우 1년이고 춘추가 한창이며 병환도 없으시고 국정의 여러 일들이 정체되지 아니하였는데 어찌하여 갑자기 대리청정을 하라고 하는가' 반박하면서 이 왕명을 받들지 못하겠으니 이미 내린 명이지만 도로 거두시라는 주장이었다.

경종 임금을 측근에서 모시는 승지와 언관들로서는 당연히 해야할 말이었다. 하지만 경종 임금은 "번거롭게 하지 말라"는 말만 되풀이하였다. 승지들도 물러서지 않고 계속 대리청정 명을 거두기를 주장하였다.[34] 더 나아가 '어떤 일의 가부를 헤아려 확정한다'는 말은 참으로 무식하고 오류와 그릇되고 망령됨이 심한 말이니 그런 말을 한 자들을 파직罷職하라고 주장하였다.

승지들이 이렇게 거듭 주장하니 경종 임금이 뜻을 바꾸어 그 말을 따랐다. 왕세제의 대리청정으로 기울던 국면이 바뀌는 순간이었다. 이렇게 된 것은 노론의 핵심 인물들이 조성복을 사주하여 상소를 올리게 한 데 대해 노론 내부에서도 반대 의견이 있었기 때문이었다. 김창집을 비롯한 노론의 핵심 인물들은 이러한 상황을 예사로이 여겨 궁궐에 오지도 않았다. 이때 소론 측이 강하게 반발하고 나섰다.

먼저 반발을 주도하고 나선 인물이 좌참찬 최석항이었다. 최석항은 전주 최씨 가문으로, 할아버지는 병자호란 당시 주화파의 중심 인물인 최명길崔鳴吉이다. 숙종 대에 영의정을 지낸 최석정의 아우이기도 하다. 경종 대 소론의 핵심 인물이었다.

최석항은 소식을 듣고 눈물을 흘리며 홀로 궐문 밖으로 와서 궁궐 문을 닫는 것을 유보하더라도 들어가 임금을 뵙기를 청하였다. 승정원에서 이러한 최석항의 요청을 계를 올려 아뢰니 임금이 문 닫는 것을 유보하고 최석항을 들어오게 하여 만나보았다. 이때 승지와 홍문관원들도 최석항을 따라 들어갔다. 최석항이 아뢰었다.

예로부터 제왕帝王이 이와 같은 처분을 한 경우가 있었으나, 모두 임금의 춘추가 아주 많거나 혹은 재위한 지 오래되어 피로가 병이 되었거나 혹은 몸에 중한 병이 있어 여러 해 상태를 회복하지 못했을 때 만부득이해서 한 것입니다. 지금 전하께서는 춘추가 겨우 서른이시고 재위하신 지 1년이 채 안 되었습니다. 만약 병환 때문이라면 신이 내의원직을 맡고 있어서 매번 문안을 아뢴 데 대해 내리신 비지批旨를 보았는데 '무사無事하다'고 하교하셨습니다. 이른바 편찮으신 증세라는 것은 담에 열이 나서 물을 마시게 되기 때문에 소변이 잦은 것에 불과합니다. 이것이 어찌 고질병이겠습니까? 정사를 돌보지 못할 사유에 해당하는 세 가지의 일이 없는데도 즉위 원년에 갑자기 이런 하교를 내리심은 무슨 일입니까? 선왕께서 전하로 하여금 청정하게 하여 오래 이어질 아름답고 은혜를 베푸는 왕업王業을 맡기신 것은 나랏일에 부지런히 힘쓰셔서 지극한 정치를 이루고자 하신 것입니다. 이제 전하께서 즉위하신 초기에 세제에게 그 일을 맡기시니 어찌 선왕이 남기신 뜻에 어긋남이 있지 아니하겠습니까? 전하께서 질병이 선왕과 같으시고 춘추가 선왕과 같으시다면 오늘날의 이 거조가 실로 괴이할 것이 없겠지만, 한창인 나이에 뚜렷한 병환이 없으신 데도 이런 거조를 하시니 신 등이 근심하고 황급하여 망극해하는 것입니다. 청컨대 세 번 생각을 더하시어 빨리 명을 거두소서.

왕세제에게 대리청정하게 할 만한 세 가지 이유, 곧 나이가 많거나 재위한 지 오래 되었거나 중한 병이 있거나 하는 사유가 없으니 대리청정하라는 명을 거두라는 주장이었다.

최석항의 주장에 승지와 홍문관원들이 다시 합세하였다. 그들이 여러 차례 말한 끝에 경종 임금은 그들의 요구를 받아들였다. 최석항은 한 발 더 나아가 조성복을 먼 곳으로 유배 보내라고 주장하였다. 왕세제는 이러한 상황에서 상소를 올려 대리청정을 사양하려고 하였는데, 최석항의 말로 경종이 이미 내린 명을 거두자 상소를 올리는 일을 그만두었다. 그 다음부터 여러 사람들이 조성복을 처벌할 것을 주장하는 상소를 연달아 올렸다. 그러한 가운데 자연히 상대방을 공격하는 표현이 점점 더 거칠어졌다.

아! 하늘에는 두 해가 없고 땅에는 두 임금이 없습니다. 전하를 향해 북면北面하는 자로서 어찌 감히 이와 같은 말을 마음속에 품었다가 입 밖으로 낼 수가 있단 말입니까? 비록 '세제로 하여금 조정에 임어하게 하라'고 곧장 청한 말은 없으나 그 '일에 따라 곧 불러들여서 정사를 듣는 데 참여하게 하여 일의 가부를 헤아려 확정하게 하라'는 말이 조정에 임어하기를 청한 것이 아니고 무엇이겠습니까?
남의 신하가 되어서 감히 하늘이 주신 자리를 몰래 옮길 계책을 품었으니 그 죄가 어찌 하루라도 천지간에 숨을 쉬며 살 수가 있게 하겠습니까? 접때 저위를 세우기를 청할 때 공정왕恭靖王, 정종 때의 일을 가리켜 비슷하다고 한 것은 아마도 아우를 저위로 삼는 뜻을 인용한 것이겠으나 곧 말단의 한 가지 일은 그래도 나라 사람들로 의혹을 갖게 함을 면하지 못하였습니다. 신은 이러한데도 나라의 형벌을 바르게 시행하지 아니한다면 대의大義가 소멸되고 강상綱常이 무너져서 난신적자가 앞으로 잇따라 일어날 것이라고 생각합니다.

　'하늘이 주신 자리', '왕위를 몰래 옮길 계책', '형벌을 바르게 시행해야 한다', '난신적자' 이런 말들은 그냥 듣고 넘어가기 어려운 말이요, 피를 부르는 표현들이다. 이에 승정원에서 이러한 표현이 너무 위험하고 흉악하고 패려悖戾하다며 지적하는 계를 올렸다. 임금을 가까이서 모시는 승지들로서 분란을 막으려는 뜻도 담겨 있었을 것이지만, 다른 한편으로는 소론의 날카로운 공격을 방어하고자 하는 노론의 의도도 들어있다고 볼 수 있겠다.

　사정이 이렇게 진행되자 노론의 핵심 인물들도 가만히 있을 수 없었다. 소론 측에서는 대리청정을 취소하라는 명을 내리신 것이 다행이라고 하고, 노론 측에서는 여러 사람들이 경종 임금에게 대리청정을 취소하는 명을 거두기를 간하였다. 노론의 비중 있는 인물인 좌의정 이건명이 차자를 올려 한밤중에 최석항이 임금을 만나게 한 것은 승지의 잘못이니 처벌하라고 요구하였다. 이후 노론과 소론 사이에 서로 공격하고 방어하는 말들이 빗발치듯 오고 갔다.

　이 와중에 노론의 중심 인물 영의정 김창집이 나이가 많아 벼슬을 그만두고 물러나기를 청하니 경종 임금이 허락하였다. 실록 기사에서 전하듯이 김창집으로서는 정국의 판세가 기울자 자신에 대한 경종 임금의 신임을 묻는 의도가 있었다고 할 수 있다. 그런데 뜻밖에 경종 임금이 물러가는 것을 허락하니 허를 찔린 셈이 되었다. 이에 좌의정 이건명, 판부사 조태채 등이 물러가라는 명을 거둘 것을 청하였으나 경종 임금은 들어주지 않았다.

이건명이 거듭 요청하자 경종 임금은 또 "영의정은 늙고 병이 많아 혹 몸을 상하게 할까 염려한 나머지 한가로이 편히 조섭하도록 하여 함께 나랏일을 돌보려고 한 것이었는데, 다시 생각해보건대 경솔하였음을 면하지 못하였다기에 지금 막 그 명령을 거두어들였다. 대리청정을 비판하는 상소에 쓴 말은 근거가 없고 경의 말이 옳다"고 우유부단한 대답을 하였다. 임금으로서의 결단력을 찾아볼 수 없는 엉거주춤한 조처였다. 노론 측에서는 소론이 올린 상소의 문제점을 따지면서 죄를 주어야 한다는 글을 연달아 올렸다. 하지만 임금은 모두 "번거롭게 하지 말라"며 물리쳤다.

10월 10일부터 13일 사이에는 참으로 논의가 분분하여 노론과 소론 양측에서 상대방을 서로 공격하는 말들을 쏟아내었다. 그러한 가운데서 경종 임금은 우유부단한 태도를 보였고, 경종 임금의 이러한 우유부단함은 노론과 소론의 대립을 더욱 격화시키고, 따라서 왕세제의 처지를 더욱 곤혹스럽게 만드는 데 일조하였다.

이러한 정세 속에서 왕세제는 가만히 있을 수가 없었다. 대리청정의 명을 거두어주길 원하는 상소를 올렸다.[35] 그 표현이야 절절하지만 내용을 간단하게 말하자면, 대리청정하라는 왕명을 거두시라는 것이었다. 이에 대해 경종 임금은 승지를 보내어 "나의 병이 깊어 국가 정무가 정체됨이 많으니 부득이하여 너에게 대리를 명한 것이니 다시 사양하지 말아서 온 나라 신민의 바라는 바에 부응하도록 하라"는 답을 전하게 하였다.

진심이 담겼는지 어떤지 헤아리기 어려운 말이다. 이후 며칠 동안 여러 신료들이 연거푸 수십 차례 대리청정을 하라는 비망기를 거두어들이길 요청하는 문서를 올렸으나, 경종 임금은 매번 번거롭게 하지 말라는 말을 반복하였다. 왕세제도 같은 취지의 상소를 올렸고, 또 경종 임금이 같은 말로 답하기를 되풀이하였다.

10월 16일 이러한 정국이 바뀌는 전기가 나타났다.[36] 대신과 2품 이상의 관원들 그리고 삼사 및 승정원에서 다시 임금을 뵙자고 청하였으나 경종 임금은 허락하지 않고 이전의 비망기에 따라 행하라고 명하였다. 삼사와 승정원, 종실宗室에서 각각 또 계를 올렸고, 또 대신이 백관을 거느리고 대리청정 명령을 취소하기를 아뢰었다. 이에 대해 경종 임금이 답하였다.

좌우에 있는 사람들이 하는 것이 옳겠는가? 세제가 하는 것이 옳겠는가? 경들은 깊이 생각해보라. 앞서 내린 비망기대로 거행하여 우리 형제가 괴로움과 아픔을 나누어 한편으로는 내 병을 조섭하기에 편하게 하고, 한편으로는 장차 망하려는 나라를 부지하게 하라.

자신의 건강이 좋지 못하여 어차피 좌우에 있는 아랫사람들이 자신의 할 일을 처리하니 그보다는 세제가 하는 것이 낫지 않겠냐는 말이다. 이날 임금께 아뢴 문서가 들어간 뒤, 해가 저물도록 임금의 비답이 내려오지 않았다. 대신 이하 관원들이 모두 합문 밖에서 비답을 기다렸는데 밤이 깊어서야 비답이 내려왔다. 대신 김창집, 이건명, 이이명, 조태채가 내려온 비답을 듣고는 머리를 맞대고 수군거리며 의견을 나누고 나서 얼마 후 2품 이상 관원들과 삼사 언관들을 불러 물었다.

지금 성상의 비답에 '좌우에 있는 사람들이 하는 것이 옳겠는가? 세제가 하는 것이 옳겠는가?'라는 하교까지 있었다. 이와 같은데 다시 다투는 것이 옳겠는가? 명을 기다리는 일은 이제 정지하는 것이 옳겠다.

이에 여러 사람이 모두 응낙하였다. 위의 네 사람이 이른바 노론 사대신으로서 이 당시 노론의 고위 핵심 인물들이었다. 이들은 경종 임금의 태도를 빌미로 왕세제의 대리청정을 확정 지으려는 저의를 드러낸 것이었다.

그 자리에 있던 관원들이 거의 그에 동조하는 분위기였다. 그러나 좌참찬 최석항과 사직司直 이광좌 등 몇 사람은 불가하다고 하였다. 이광좌는 목소리를 높여서 대신들을 책망하였다.

성상의 비답에 비록 '화기火氣가 치밀어 오르면 깨닫고 살피지 못한다'라고 하셨으나, 지금 비답의 뜻이 이처럼 상세하고 극진하니 이러할진대 깨닫고 살피지 못하신다고 할 수 없습니다. 이 일은 비록 몇 달이 지나고 해를 넘길지라도 신하된 도리로서 청을 드려 임금의 허락을 받지 못하면 그만 두어서는 아니 됩니다. 그런데 공들은 오늘 논의를 그만두려고 눈치를 보니 백대百代 후에 공들을 일러서 신하의 절의節義를 다하였다고 할 수 있겠습니까?

이광좌는 경주 이씨 이항복李恒福의 현손이다. 이 시점에서는 정5
품 무반직인 사직에 지나지 않았으나, 이후 경종 대에서 영조 초년
에 소론의 중심 인물로 활약하였다. 이건명이 노하여 이광좌를 꾸
짖고 물러가게 하려 하였으나 이광좌는 더욱 힘써 다투었다. 소론
계의 언관 몇도 분연히 정청을 정지할 수 없음을 말하였다. 김창집
등이 이들의 주장을 꺾을 수 없음을 알고는 내일 다시 의논하자며
여러 재상으로 하여금 각각 조방朝房에서 유숙하면서 기다리게 하였
다. 조방은 궁궐 문 가까이에 있는 각 관서의 대기실이다.

이튿날 노론사대신은 연명으로 대리 절목을 마련하자는 상소문
을 올렸다.[37] '엎드려 바라건대 빨리 담당자인 유사有司에게 명하여
단지 정유년1717, 숙종 43 절목을 따라서 내용을 마련하여 임금께 아뢰
어 거행하도록 하자'는 취지였다.

노론 핵심 인물들이 차자를 들이고, 대전 뜰에서 대리청정 명을
거두시라는 요청하기를 그만두니 많은 사람들이 놀랐다. 좌참찬 최
석항이 궁궐에 나와 상소하였다.

삼가 들건대 대신들이 차자에서 정유년의 절목을 따라서 시행할 것을 청
하였다 합니다. 그 마음이 있는 바는 길 가는 사람도 알고 있습니다. 임
금을 잊고 나라를 저버린 죄는 죽을죄로 다스리지 않을 수 없습니다. 엎
드려 바라건대 이미 내린 왕명을 빨리 거두어서 신령과 사람들의 소망을

위로하시옵소서.

최석항의 상소를 노론계의 승지 홍계적이 물리치고 기꺼이 올리려고 하지 않았다. 그러자 이광좌, 이태좌李台佐, 이조李肇, 김연金演 등 소론계 인물들이 조방에 모여서 임금을 만나 뵙기를 청하여 다시 다툴 것을 함께 의논하였다. 어떻게 결정이 나는가에 따라서 국면이 바뀌는 상황이었다. 소론계 인물들은 소론계에서는 가장 고위직인 우의정 조태구는 비록 언관의 공박을 받고 있기는 하나, 이러한 상황에서는 일반 규정에 매일 수 없으니 궁궐에 나아가 임금을 만나 뵙고 죽음으로 힘써 다투는 것이 마땅하다고 의견을 모았다.

조태구가 드디어 도성 안으로 들어와 궁궐 근처에 이르렀다. 이때 경종 임금이 창경궁에 있었으므로, 여러 신하 가운데 나아가 뵙고자 하는 자는 모두 창덕궁에서 건양문建陽門을 지나 합문으로 나아갔다. 그런데 조태구는 병이 심하여 걸을 수가 없어서 메는 가마로 큰 길을 따라 창경궁 궐문 밖에 이르러 창경궁의 협문인 선인문宣仁門으로 들어가 사약방司藥房에 앉아서 사람을 승정원에 보내어 임금을 뵙기를 청하였다. 임금이 창경궁에 있더라도 일반 관원들이 임금을 만나 뵈러 갈 때는 창덕궁을 통해서 가는 것이 정상적인 경로였다. 그 경로를 따라가면 창덕궁 숙장문 곁에 있는 언관들의 직소인 대청臺廳을 지나가지 않을 수 없었다. 임금을 만나는 모든 관원은 비밀리에 출입하지 말고, 언관들에게 출입 상황을 알게 하려는 뜻이 있었다. 그런데 창경궁 선인문을 통하여 바로 임금께 들어

창경궁 | 창경궁의 정문인 홍화문에서 그 뒤 외전의 정전인 명정전 일대의 현재 모습이다. 1721년 조태구가 들어간 비상한 경로인 선인문은 홍화문의 남쪽, 사진에서 홍화문의 왼쪽에 있다.

가면 언관들이 그 출입 사실을 모를 수도 있기에 문제가 되었던 것이다.

　양사 언관들이 조태구가 이렇게 일반적인 경로가 아닌 경로로 입궐한 것을 듣자 먼저 멀리 유배 보내기를 청하였다. 임금께 아뢴 그 문서가 미처 임금께 들어가기 전에 임금 곁에서 심부름하는 사알司謁이 임금이 있는 곳에서 승정원으로 내달려와서 조태구를 만나보겠다는 임금의 전교를 전하고, 또 임금이 이미 전殿에 임어하였음을 알렸다. 승지들이 당황하고 놀라 합문 밖으로 나아갔다. 어쩌면 경종 임금은 그 시점에서 소론의 영수격인 조태구가 자신을 만나러 들어오기를 기다렸다는 듯이 그와 만나주었다. 이전에 다른 관원들을 만나지 않던 태도와는 매우 대비가 되는 조처였다.

일이 이렇게 돌아가자 노론 진영은 바쁘게 움직이지 않을 수 없었다. 김창집이 이이명, 이건명과 더불어 비변사에서 예관을 모아 대리청정의 절목을 만들고 있다가 조태구가 들어와 임금을 만나려 한다는 것을 듣고서는 크게 놀라 당황한 채로 지름길로 내달려 임금이 계신 곳으로 갔다. 이윽고 2품 이상 관원들과 삼사의 여러 신하가 잇따라 궁궐에 도착하여 임금을 알현하고자 청하니 임금이 진수당에 나아가 이들을 만났다.

이 자리에서 그들은 대리청정의 절목을 만드는 문제가 아니라, 대리청정하겠다는 경종 임금의 뜻을 바꾸라는 방향으로 말해야 하였다. 경종 임금은 끝내 아무런 대답도 하지 않았다. 김창집은 계속 대리청정하겠다는 "비망기를 도로 거둘 것을 쾌히 허락하신 뒤에야 온 나라의 물결처럼 흔들리는 마음을 진정시킬 수 있다"고 말하였다. 그제야 경종 임금은 "그렇게 하라"고 하였다. 김창집이 아뢰어 사관을 보내어 전후의 비망기를 가지고 들어오게 하여 받아 임금 앞에 놓았다. 조태구가 한마디 하였다. "이제 대신의 말로 인하여 이처럼 도로 거두시게 되었으니 인심이 이제부터 안정될 것입니다. 신이 비록 물러가 등성이나 골짜기에서 죽을지라도 무슨 여한이 있겠습니까?"

승지와 삼사 언관은 그 자리에 남아서 조태구에게 벌을 내려야 한다고 주장하였다. 언관의 탄핵을 받고 있으면서 궁궐에 들어와 임금을 만나 뵙기를 청한 것은 잘못이니 그 관작官爵을 삭탈하여 도성문 밖으로 내쫓으라고 하였다. 경종 임금은 물론 이들의 주장을 따르지 아니하였다. 대신 조태구가 들어오는 데 역할을 한 왕명을 전하는 고위 내시와 심부름을 한 사알을 붙잡아다가 엄하게 사실을 조사하라는 주장만 들어주었다. 이렇게 대리청정은 없던 일이 되었다.

왕세제의 대리청정을 놓고 노론과 소론이 팽팽하게 대립하던 정국은 소론의 승리로 기울었다.

신임옥사

1721년경종 1 12월 들어서 정국 운영의 중심이 노론에서 소론으로 옮겨갔다. 경종 임금은 우의정 조태구를 불러들이고 영의정 김창집과 좌의정 이건명을 면직시켰다.[38] 소론 측에서는 노론 측 인사들을 처벌하라는 요구를 하기 시작하였다. 그러한 정국을 흔드는 계기는 뜻밖에도 왕세제에게서 비롯되었다. 왕세제가 밤중에 동궁의 궁관들, 곧 세자시강원 관원 둘과 세자익위사 관원들 몇을 만난 자리에서 말하였다.[39]

한두 환관이 일을 꾸며 이 몸을 제거하려 하였다. 자성께서는 이 일을 대조大朝에 아뢰라고 하셔서 내가 눈물로 대조께 청하였다. 처음에는 이들을 잡아들이라고 하였다가 곧 그 명을 거두셨다. 이 일이 일어나지 않았으면 그만이려니와 이미 일어난 뒤에 임금 측근의 악한 무리를 제거하지 않을 수 없었다. 다시 아뢰니 갑자기 감히 들을 수 없는 하교를 내리셨다. 나는 이제 이 동궁의 문을 나가서 거적자리를 깔고 엎드려 죄를 내리시기를 기다려 왕세제의 지위를 사퇴하려 한다. 그러기 전에 너희 강관들에게 내 거취를 알리고자 하는 바이다.

한두 환관이란 임금을 모시는 대전 소속 내시들을 가리키는 말로 보인다. 이들이 어떤 일을 꾸몄는지는 여기서 바로 드러나지 않는다. 아무튼 왕세제에게 어떤 위해를 가하려 하였는지, 왕세제는 이를 숙종비 인원왕후에게 아뢰었나 보다. 인원왕후는 이 일을 임금께 아뢰라고 하여 임금께 그 환관들을 제거해달라고 아뢰었다. 경종 임금은 처음에는 그의 말을 들어주는 듯하더니 나중에서는 왕세제에게 역정을 내었던 것 같다. 이에 왕세제는 자기 측근들에게 자신이 사퇴하겠다고 말하였다. 그 의도는 자신을 도와달라는 데 있었다고 볼 수 있다.

그 자리에 참석한 세자시강원 관원들은 당연히 극구 만류하였다. 환관들에게 죄가 있다면 당연히 임금이나 관원들이 다스리고 징토할 것이요, 왕세제 저하는 나라의 근본인데 한 번 동요하면 그에 따라 나라가 망할 일이니 자신들은 받들 수가 없다고 하였다. 하지만 왕세제는 뜻을 굽히지 않았다. 이는 하루 이틀 사이의 일이 아니라 오래 쌓여온 일이요, 환관들이 매번 자신의 움직임을 제한하고 있으니 지금 피하지 않으면 저들의 독수에 해를 입게 될 것이라고 하였다. 궁관들이 힘써 설득하면서 내일 사, 부, 빈객 등 세자시강원의 고위 관원들을 불러 천천히 의논할 것을 청하였다. 그러나 왕세제는 이 말을 듣지 않고 자신이 써놓은 사위하겠다는 상소 초본을 내보이기까지 하였다.

궁관들은 환관들이 국가에 화를 입힌 일은 옛날에도 종종 있던 일이긴 하지만 지금 이 환관들의 악함이 이렇듯 드러났으니 법에 따라 처벌하도록 청하는 일은 그만둘 수 없지만 합문 밖으로 나가서 거적자리를 깔고 죄를 기다리는 것은 나라를 망하게 하는 일이라서 자신들은 받들 수 없다는 주장을 거듭하였다. 이에 대해 왕세제는 이들 환관들과 자신이 양립할 수 없는 형세가 되었으니 왕세제의 자리를 벗어버리고 봉군을 받은 바 왕자의 본분이나 지키고 싶다고 말하였다. 궁관 김동필이 저들은 저하의 가노家奴요, 여우나 쥐와 같은 자들인지라 제거하는 것이 어려울 바가 없는데 양립할 수 없는 형세라고 말씀하시는 것은 실언이라고 지적하였다. 왕세제는 실언임을 인정하면서도 지금 종사가 망하려 하는데 자신이 구할 수 없으니 죄가 막대하므로 왕세제의 자리를 벗는 것 외에는 다른 방도가 없다고 말하였다.

궁관들은 같은 말을 반복해서 하다가, 자신들이 물러가서 사와부, 빈객 그리고 조정의 여러 신하들에게 그 환관들을 토죄하도록 청하겠다, 죄인들이 법을 처벌을 받으면 왕세제가 불안해할 단서가 없지 않겠는가라고 말하였다. 그러자 왕세제는 비로소 허락을 하였다. 왕세제가 이런 말을 꺼낸 의도가 조정 관료들이 나서서 환관들을 처벌해 주는 데 있었음을 보여준다.

이튿날 김동필 등이 의정 대신을 비롯한 여러 고위 관료들에게 보고하였다. 왕세제가 예측하고 기대한 대로 궁궐 안에 있던 몇몇 관원들이 임금에게 만나 뵙기를 청하였고, 이어서 영의정 조태구 등 고위 관료들도 임금을 뵙기를 청하였다.

이튿날 영의정 조태구와 우의정 최석항을 비롯하여 여러 관료들이 임금을 만나 뵈었다.[40] 대부분이 소론 계열의 인사들이었다. 이들은 번갈아가며 이 환관 무리를 조사하고 죄를 규명하여 처벌함으로써 왕세제의 마음을 위로하시라는 말을 하였다. 하지만 경종 임금은 끝내 답을 하지 않다가 조태구가 울면서 간한 뒤에야 "적발하여 법을 바르게 하라"고 허락하였다.

대비 인원왕후도 궁인을 처벌하라고 이름까지 써 내리며 거들었다. 조태구가 담당 관원들에게 맡기시라고 아뢰니 그제야 못 이기는 척 그 말을 따랐다. 이렇게 하여 궁녀 두 명과 환관 두 명이 처벌을 받기로 결정되었다.

언론을 맡은 삼사에서도 이들을 처벌하라고 계를 올리는 한편 왕세제에게는 동궁의 중함을 곡진히 유념하시고 임금과 천륜의 정을 더욱 돈독하게 하셔서 스스로를 살피고 관리하면서 엄히 단속하는 도리를 소홀히 하지 말라고 권면하였다.[41]

영의정 조태구는 궁관들과 함께 동궁까지 가서 왕세제를 만났다. 그 자리에서 왕세제는 여전히 왕세제 자리를 사퇴하려 하였다. 이에 조태구는 왕세제에게 아뢰었다.

성상께서 이미 처분을 내리셨는데 저하께서는 어찌하여 아직도 이런 말씀을 하십니까? … 저하께서는 성상께 혈육으로는 비록 형제간이 되지만 저위에 오른 뒤에는 부자父子의 의義를 갖게 되었는데 어찌하여 성상의 뜻을 체득하여 자성慈聖을 위로해 기쁘게 하시는 도리로 삼지 아니하십니까? 또 궁중 안에서 비록 한 때 성상께서 엄한 하교를 내리셨더라도 마땅히 이를 바깥사람들에게 알려서는 안 되는 것입니다.

단지 영의정으로서가 아니라 세자 사, 곧 세자의 스승으로서 따끔한 말을 한 것이었다. 왕세제는 자기도 다 계획이 있어서 한 일임을 다시 밝히면서도 그 결과가 충과 효에 저촉됨은 인정하였다.

나 소자小子가 왕실 바깥의 조정을 번거롭게 만드는 것이 마땅하지 않을 줄 알지 못하는 것이 아니나, 그럼에도 이같이 하였으니 나 스스로 계획한 뜻을 볼 수 있을 것이다. 하지만 불충과 불효를 범한 죄는 스스로 벗을 수 없게 되었다.

그 자리에서 여러 신료들이 차례로 이런저런 말을 하였지만 왕세제는 끝내 석연치 못해 하였다. 이에 설서說書로 있는 송인명宋寅明이 아뢰었다.

옛말에 '넓게 퍼진 뿌리 뒤엉킨 마디를 만나지 않으면 어찌 좋은 도구를 구별하겠느냐'고 하였습니다. 신은 이 말씀을 실로 지극히 어려운 지경

에 빠져서 이를 잘 처리하지 아니하면 어찌 성인聖人이라고 이르겠는가?'
라고 받아들입니다. 학문이 힘을 얻는 것은 바로 이 점에 있습니다.

또 당나라 숙종이 어찌 중흥中興을 이룬 명철한 임금이 아니겠습니까마
는 환관 이보국李輔國이 궁중을 이리저리 어지럽혀 숙종의 아들 대종代宗
이 여러 차례 위태로운 반역을 만나게 되었습니다. 그때 이필李泌이 충성
을 다해 대종을 돕고 보호한 데 힘입어 마침내 아무 일 없이 보전되었습
니다.

저하께서는 먼저 효도와 공경의 도리를 다하시고, 이필의 일을 본받아
모든 일을 대신에게 맡기시는 것이 바로 신의 바라는 바입니다.

설서는 세자시강원의 정7품 관직으로서 왕세제를 가까이서 돕는
일을 하였다. 배운 대로 어려울 때일수록 자신이 할 바 효도와 공경
을 잘하면 되니 구체적인 처리는 조정 대신에게 맡기라는 충고였
다. 왕세제로서는 마음 편하게 대하는 사람이요, 믿을 만한 사람이
니 그의 말이 절절하게 다가왔으리라. 비로소 한 발 물러서는 취지
의 대답을 하였다.

설서의 말은 내 뜻을 감동하게 하여 내가 처음 먹은 뜻을 바꾸게 할 만하
다. 인용한 바 이필의 일은 사師에게 바라지 않을 수 없다.

설서는 송인명이고, 사는 조태구이다. 왕세제는 송인명의 말을 받
아들여 영의정 조태구에게 나머지 일을 처리하도록 맡긴 것이다.

이후 왕세제를 제거하려고 했다는 궁인과 환관을 찾아내서 처벌하는 일이 진행되었다. 경종 임금은 궁인과 환관을 색출하여 처벌하는 일을 흔쾌하게 허락하지 않는 태도를 보이기는 했지만 그 진행을 막지는 못하였다.

궁인 두 사람 가운데 한 사람은 스스로 목숨을 끊었고, 한 사람은 잡혀왔으나 자신의 죄를 인정하지 않았다.[42] 조태구와 최석항이 각각 차자를 올려 두 환관을 국문하여 역逆으로 다스릴 것을 청하였으나 경종 임금은 처음에는 이를 허락하지 않았다.[43] 자신의 측근에서 시중들던 사람들을 쳐내는 것이 부담스러웠을 것이다. 하지만 거듭되는 신하들의 주장에 이 두 사람은 결국 국문을 받았다.[44]

그들이 국문을 받고 바친 자백의 말, 즉 공사供辭를 보면 특별한 내용이 없다. 문유도文有道라는 환관은 자신은 승전색承傳色으로서 임금께 문서를 전하고 비답을 받들고 나와서 전하는 일을 하는데 동궁의 문안을 막을 리가 있겠느냐는 진술을 하였다. 다른 한 환관 박상검朴尙儉도 왕세제의 말을 임금에게 전하고 임금이 내린 비망기를 승정원으로 전하려 하는데 임금이 갑자기 다시 갖고 오라고 하셔서 이를 찢어 없앴다는 것이다. 두 사람 다 내시로서 실무를 수행하는 과정에서 빚어진 일이요, 자신들의 과오는 아니라고 해명하였다. 하지만 이들의 국문을 담당한 우의정 최석항과 그 아래 실무자들은 임금께 아뢰기를 이들이 위로는 임금을 속이고 아래로는 동궁을 속였으니 엄한 형벌로 끝까지 문초하여 그 죄를 밝게 다스리라고 하였다.

이들에 대한 《경종수정실록》의 기사는 《경종실록》과 그 기조가 사뭇 다르다.[45] 《경종실록》이 영조 초년에 소론이 주도하여 편찬한 데 비해 《경종수정실록》은 정조 초년 《영조실록》을 편찬할 때 함께 만든 것이라 노론의 의도가 강하게 반영되어 있다. 《경종수정실록》의 기사에 따르면 박상검이 왕세제를 해치려고 꾀하는 것을 당시 대비 인원왕후가 적극적으로 나서서 막았다는 점, 박상검은 소론 가운데서 강경파인 준소峻少의 핵심 인물인 이조 참판 김일경金一鏡과 관계가 깊은 인물이라는 점 등을 강조하였다.

결국 1722년경종 2 1월 초에 문유도와 박상검은 형벌을 받고 죽음을 당하였다.[46] 이들 궁인과 환관이 과연 실제로 왕세제를 제거하려 하였는지 지금 그 실상을 밝히기는 어려운 일이다. 궁인 두 명과 환관 두 명의 죽음은 당시 상황에 비추어보면 그리 대단한 일이 아닐 수도 있다. 하지만 이들의 죽음 뒤에는 경종 임금과 왕세제 그리고 왕세제와 긴밀한 대비 인원왕후 사이에 뭔가 불편한 기류가 있었음을, 더 나아가서는 노론과 소론, 소론 안에서도 강경파와 온건파 사이의 힘겨루기가 작동하고 있었음을 감지할 수 있다. 이들 네 명은 그 힘겨루기의 희생양이 아닌가 의문을 품게 된다.

1722년경종 2 3월 말에는 청나라로부터 왕세제 책봉을 외교적으로 인정받았다. 책봉을 청하러 간 주청사奏請使는 좌의정 이건명이었다.[47] 노론의 핵심 인물 넷 가운데 하나인 그가 사신으로 자리를 비운 사이 옥사의 신호탄이 올랐다. 3월 27일 목호룡睦虎龍이란 자가 고변, 즉 변고가 있다고 고발을 하였다.[48] 그 말이 매우 긴데 요약하면 다음과 같다.

적도賊徒 가운데 성상聖上을 시해弑害하려고 꾀하는 자가 있습니다. 그 방법으로 칼로 치고, 그게 안 되면 음식에 독약을 타고, 그것도 안 되면 왕위에서 폐하여 쫓아내는 방법을 쓴다 합니다. 나라가 생긴 이래 전에 없는 적도입니다. 청컨대 급히 토벌하여 종사를 안정시키소서.

또 적도 가운데에는 동궁을 팔아 씻기 어려운 오욕을 끼치려 하는 자가 있습니다. 적도의 정상을 끝까지 밝혀서 동궁의 누명을 씻어 나라의 근본을 안정시키소서.

고변의 내용은 왕조 국가에서 더 이상 갈 데가 없을 정도로 충격적인 것이었다. 임금을 해하는 방법으로 이른바 삼급수三急手, 칼로 해하는 대급수大急手, 상궁을 시켜서 독약을 타게 하는 평지수平地手, 폐위시켜 내쫓기를 도모하는 소급수小急手 세 가지를 모의하였다는 것도 그렇지만, 그 적도라는 자들이 노론 핵심 가문의 자제들이라는 점은 더욱 그러하였다. 게다가 피해를 입힐 대상이 임금에 더하여 왕세제를 포함하였다니 두 배 세 배의 파장이 예상되는 내용이었다.

목호룡은 남인 계열 집안의 서얼庶孼이었다. 고변의 내용이 마치 역사소설이나 드라마의 한 장면 같다. 그의 언행은 스스로 말하듯 진실성이 없으며 애초부터 불순한 저의가 깔려 있었다고 할 수 있다.[49] 그러한 문제는 그 개인의 문제로 끝날 수 있다. 그런데 그를 조

종한 인물들이 있다는 데 이르면 문제가 달라진다. 《경종수정실록》
은 에는 누군가가 목호룡을 사주하여 일군의 인물들을 고발케 하였
는데, 그 목적은 왕세제를 모함하여 엮어 들이기 위한 계책이었다
고 기록되어 있다.[50]

《경종실록》의 다음 날짜 기사는 정치적 파란을 예고하였다.[51] 목
호룡의 고변에 등장하는 노론계 인물 가운데 하나인 백망白望이 문
초에 답변을 하면서 목호룡이 자신들에게 말할 때 소론 계열에서도
일을 모의한다고 하면서 그 가운데 김 참판도 거명하였다. 김 참판
이란 바로 이 사건을 담당하고 있던 김일경을 가리킨다. 소론이 숙
종 말년 소론이 정치 집단으로 오래 유지되면서 그 내부에서 정국
현안을 보는 견해와 대응 태도에 차이를 드러내는 작은 집단으로
분기分岐하기 시작하였다. 특히 정국의 주도권을 장악하는 시기에
는 상대 정치 집단인 노론에 대한 태도에서 강경파와 온건파로 더
욱 뚜렷하게 갈라지기 시작하였다. 그 무렵부터 강경파를 준소峻少,
온건파를 완소緩少라고 불렀다. 준소의 핵심 인물 가운데 하나가 김
일경이었다. 백망이 김참판을 거명한 것은 곧 피의자가 조사자에게
역공을 가한 셈이다. 이로부터 이 문제는 개인의 문제에서 정치 집
단간의 싸움으로 성격이 바뀌었다.

이러할 때 왕세제가 고변자 목호룡의 말 가운데 자신이 연관된
내용이 있다 하여 크게 불안해하며 다시 왕세제의 지위를 사퇴하
고 싶다고 하였다.[52] 세자시강원의 관원들이 왕세제를 만나 뵙자고
청하였으나 받아들이지 않다가 세 번만에 만나주었다. 왕세제는 이

제 커져가는 정치 집단 사이의 싸움에 자신이 자꾸 거명되는 것을 꺼려하였던 것이다. 목호룡의 고변 내용 가운데 왕세제가 거론되는 문제는 임금과 고위 관원들이 만나는 자리에서 논의되었다. 그 결과 왕세제를 보호하기 위해서는 왕세제가 거론되는 것 자체를 막을 필요가 있다고 판단하여 문초 과정에서 동궁에 관계된 말이 나오면 그 자체를 삭제하도록 하였다.[53]

이때 영의정 조태구가 세제 사였는데, 그러한 관계를 통해서 왕세제를 만나 위안하고 왕세제의 지위를 사퇴한다는 말씀을 하지 말고 신료들을 만나기를 거부하지 말라고 하자 왕세제가 조태구의 말을 따랐다고 기록되어 있다.[54] 이는 왕세제가 당시 세력을 장악한 소론 측과 연결을 맺었다고 해석할 수 있는 대목이다.

1722년경종 2 4월 들어서면서 소론의 정국 주도권이 확실하게 굳어졌다. 조태구를 중심으로 하는 소론 측과 왕세제의 연결도 더욱 든든해졌다. 경종 임금이나 소론 측으로서도 왕세제를 안정시키는 조치는 거부할 수 없는 일이었고, 왕세제로서는 더욱 실권을 장악한 소론 측과 관계를 원만히 하지 않을 수 없었다.

이후 정국은 소론 측이 목호룡의 고변에 등장하는 노론 인사들을 처벌하는 방향으로 흘러갔다. 단지 고변에 거명된 인사들만이 아니라 그 배후로 인정되는 노론계의 고위 핵심 인물들로 확산되어갔다. 그 첫 번째 인물이 추대의 대상으로 거명되었다고 등장하는 이이명이고,[55] 다음이 노론의 핵심 인물인 김창집이며,[56] 후에 이건명과 조태채도 포함되었다. 이들 노론사대신을 중심으로 그들과 연결된 수많은 사람들이 죽거나 유배되거나 이런저런 처벌을 받았다. 이렇게 신축년1721, 경종 1에서 임인년 1722, 경종 2 사이에 벌어진 대규모 숙청 사건을 흔히 신임옥사辛壬獄事라 한다.

사형 당한 사람이 20여 명, 문초를 받다가 죽은 사람이 30여 명, 교살당한 사람이 13명, 유배간 사람이 114명, 스스로 목숨을 끊은 사람이 9명, 연좌緣坐되어 처벌을 받은 사람이 173명에 이르렀다.[57] 이에 반해 소론 측의 영수로 인정받던 윤선거尹宣擧와 윤증 부자에게 관작을 회복시켜 주고, 숙종 연간 소론을 이끌었던 남구만南九萬, 박세채朴世采, 윤지완, 최석정 등이 숙종 임금의 묘정廟庭에 배향配享되었다. 옥사에 관련된 인물들을 다수 부사공신扶社功臣으로 녹훈錄勳을 하였다. 고변을 한 목호룡 역시 녹훈되어 '동성군東城君'이라는 훈작勳爵을 수여받았다.

1722년경종 2 초반 이후에는 신임옥사가 진행되는 와중에도 왕세제는 큰 풍파를 겪지 않고 지낼 수 있었다. 9월 18일에는 성균관에 입학하였다.[58] 일반적으로 세자들에게 입학례는 통과의례에 지나지 않았다. 더구나 이미 어른이 된 왕세제에게는 한 번 지나가는 절차에 불과하였다.

5월 27일 청나라에서 사신이 와서 왕세제 책봉례를 거행하였다.[59] 책봉 주청사로 갔던 이건명에 대해서는 관례대로 상을 내리기로 하였으나, 언관들은 그들에게 사형을 내리라고 빗발치듯 주장하였다. 경종 임금은 매번 번거롭게 하지 말라는 답을 내렸다. 하지만 결국 그도 죽음을 면치 못하였다.[60] 9월 12일 종묘에 역적을 토벌한 사

종묘 정전 | 종묘는 역대 임금과 왕비의 신주를 모신 사당이다. 왕실의 사당을 넘어 국가의 사당으로, 조선 왕조의 정신적 지주와 같은 곳이었다. 정기 제사 외에도 여러 제사를 모셨는데, 국가에 중요한 일이 있으면 이를 혼령들께 아뢰는 고유제를 지냈다.

실을 고하는 고유제告由祭를 지냈고,[61] 이듬해 1723년경종 3 3월 11일 임금과 토역討逆을 담당한 공신들이 모여서 의리를 다지는 회맹제 會盟祭를 지냈다.[62] 이로써 신임옥사는 일단락되었다.

탕평정치

조선 중기의 정치 운영 방식은 붕당정치朋黨政治였다. 지방에서 성장한 세력이 중앙 정치무대로 진출하면서 정치 집단으로 자기 모습을 갖추어 나갔으니 이들을 흔히 사림士林이라고 불렀다. 중앙 관직을 갖게 된 사림파는 왕권과 결탁하여 권력을 독점하다시피 장악하여 휘두르던 훈구파勳舊派라고 불리는 집단을 비판하며 공격하였다. 이에 대응하여 훈구파가 사림파를 배척하며 공격하여 일으킨 사건들이 사화士禍였다. 사림파는 연산군 대에서 명종 대에 걸쳐 벌어진 사화를 거치면서 중앙 정치 무대로 진출하여 마침내 그 주도권을 장악하여 새로운 정치 운영 방식을 형성한 것이 붕당정치였다.

붕당정치란 정치 집단이 붕당이라는 형태를 갖추고, 복수의 붕당이 서로 비판하고 대립하면서 견제와 균형을 유지해나가는 정치 운영 형태였다. 붕당정치기에 왕권은 약화되어 임금들의 영향력은 위축되었다. 선조 대부터 서인과 동인이라는 이름으로 형성된 붕당들은 정국 운영의 주도권을 놓고 서로 대립하면서 성장하고 소멸하는 굴곡을 거듭하였다. 또 주도권을 오래 장악한 붕당은 그 내부에서 더 작은 붕당으로 분기하기도 하면서 현실에서의 붕당의 구성은 변해갔다.

광해군 대에는 복수의 붕당이 서로 존재를 인정하던 붕당정치의 기본 질서가 무너지고, 북인이 왕권과 결탁하여 권력을 독점하는 모습을 드러냈다. 붕당정치의 흐름을 벗어난 반동적 흐름이라고 할 수 있다. 인조반정은 서인이 주도하여 광해군 대의 이러한 흐름을 저지하고 다시 붕당정치 질서를 회복한 사건이다.

인조 이후 현종 대까지는 서인이 정국을 주도하면서 남인이 견제하는 상황이 지속되었다. 현종 대에는 왕실의 의례, 특히 임금이나 왕비가 승하하였을 때의 의례인 흉례凶禮에서 각 왕실 가족이 입을 상복喪服을 어떻게 정할 것인가 따지는 복제服制 문제를 놓고 논쟁이 벌어졌다. 복제에 대한 주장이 반드시 붕당별로 결정되었던 것은 아니지만, 나중에는 대체로 서인과 남인 사이의 대립으로 모아졌다. 남인은 임금과 왕실의 우월적 특수성을 인정해야 한다는 쪽인 데 대해서 서인은 임금 및 왕실이나 여타 가문이나 예에 대해서는 차별을 두어서는 안 된다는 쪽이었다. 이는 넓게는 사회 질서를 어떤 논리에 따라 이끌어 갈 것인가 하는 문제로, 좁게는 왕권을 어떻게 인정하고 대우할 것인가 하는 문제로 연결되는 주제였다.

이 논쟁에 마무리를 지은 이는 숙종 임금이다. 숙종 임금은 즉위한 해인 1674년에 벌어진 두 번째 복제 논쟁에서 남인의 손을 들어주었다. 이로써 정국의 주도권이 처음으로 서인에서 남인으로 넘어갔다. 이는 첫 번째 환국으로 인정되어 흔히 갑인환국甲寅換局으로 일컫는다.

환국이란 이렇게 정국의 주도권이 급하게 어느 붕당에서 다른 붕당으로 옮겨가는 현상을 가리켜 쓰는 말이다. 정국을 주도하는 붕당과 비판 견제하는 붕당이 공존하며 이루고 있던 균형이 깨지면서 그 위치가 서로 바뀌는 현상이다. 환국은 여러 가지를 정치 상황이 복합적으로 작용하여 일어났지만, 표면적으로는 임금이 고위 핵심 관직의 인물을 급하게 바꾸어 인사를 단행하는 것이 직접적인 계기가 되었다. 붕당정치기에 비해서 임금의 구체적인 역할과 영향력이 커졌다. 숙종 초년에는 서인과 남인이, 1694년숙종 20 갑술환국甲戌換局으로

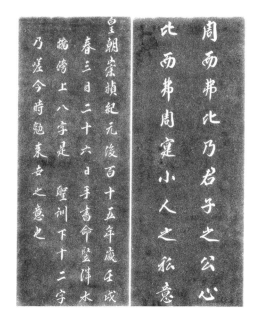

남인이 중앙 정치에서 밀려난 뒤에는 서인이 분기한 노론과 소론
사이에서 환국이 반복되었다.

숙종 초기 서인과 남인, 그 다음 노론과 소론 사이의 대립은 주로
시비是非를 다투는 차원에서 이루어졌다고 할 수 있다. 시비란 그러
한가 그렇지 아니한가, 옳은가 그른가를 따지는 것이다. 이를테면
복제 논쟁 같은 것은 맏아들이 아닌 임금의 왕비가 죽었을 때 그 시
어머니가 살아있을 경우 어떤 상복을 입어야 옳은가를 두고 논쟁을
벌인 것이다. 이 시비 논쟁은 이를 판정할 그 근거가 있어야 최종
판단을 내릴 수 있다. 그런데 그 근거가 되는 경전이나 학설이 서로
다를 경우 각각 견해가 달라질 수밖에 없고, 그런 주장이 서로 부딪

칠 경우 결론을 내기 어려웠다. 하지만 이 시비 논쟁은 학술적 사상적 차원에서 이루어졌고, 서로 상대방의 주장을 일부나마 인정하며 토론할 수 있는 여지가 열려 있었다.

숙종 중반부터는 서로 상대 붕당의 영수나 핵심 인물의 언행과 저작을 놓고 정사正邪를 다투는 쪽으로 바뀌었다. 바른가 어긋나는가 하는 정사 문제는 상대방의 주장을 용납할 여지가 크게 줄어든다. 바른 바는 따라야 하는 것이요, 어긋난 바는 배척해야 하는 것이다. 상대방을 '사邪'라고 비판하다 보면 사교邪教나 사문난적斯文亂賊으로 몰게 되고, 그렇게 되면 극단적으로 배척하지 않을 수 없게 된다. 그러할 때 내가 의존하는 기준과 상대방의 기준이 서로 다르면 끝내 합의점을 찾기 어려워진다. 예를 들면 주자朱子의 말씀을 공자의 말씀 못지않게 높이 평가하는 서인 중에서도 노론, 주자보다는 더 원천적인 유학 사상을 준거로 삼는 남인 사이에는 건너기 어려운 강이 가로놓였다. 서인 내부에서 분기한 노론과 소론 사이에도 보이는 듯 보이지 않는 늪이 있었다. 노론 집단은 자신들이 신봉하는 주자의 말에 어긋나는 주장을 하는 사람을 만나면 사문난적으로 모는 경우가 많았다.

숙종 말년에 이르러서는 붕당 사이 대립의 쟁점이 충역의 문제로 한 번 더 전환되었다. 다시 말해서 왕위 승계 문제가 노론과 소론 사이의 쟁점이 되었다. 소론은 당시 왕위 승계자였던 후일의 경종 임금인 세자를 비호하는 반면, 노론은 은연중에 세자의 이복동생인 연잉군을 지지하는 형세를 연출하였다. 왕위 승계가 노론과 소론이

다투는 쟁점이 되면 종국에 가서 각 붕당은 자신들이 지지하는 인물이 왕위를 승계하는가, 그렇지 못한가에 따라서 충과 역이 갈릴 수 있었다. 충인가 역인가를 가르는 것은 시비를 따지고 정사를 다투는 것과는 전혀 다른 의미와 효과를 드러냈다. 그것은 곧 생과 사, 영화와 몰락을 극명하게 갈랐다. 공존이 허용되지 않았기에 붕당 사이의 쟁투는 양보가 없는 극한으로 치달았다.

신임옥사는 그 대립과 쟁투의 정점을 찍는 자리에 있었다. 신임옥사는 1716년숙종 42의 병신환국丙申換局에서 부정되었던 소론의 정치, 사상적 이념이 다시 회복되었음을 가리키며, 소론이 다시 노론에게서 주도권을 탈환하였음을 뜻한다. 노론은 자신들이 반대하던 세자가 즉위하여 임금이 되자 이를 뒤집으려고 무리하게 연잉군을 왕세제로 세우고 대리청정을 추진하는 등 상황을 뒤집으려는 시도를 하였다. 이러한 노론에 대하여 소론은 전에 없는 대규모 극단적인 공격을 가하였다. 옥사로 볼 때 신임옥사는 조선왕조 역사에서 가장 큰 옥사로 기록될 것이다. 한편 정국의 전환이라는 면에서 보면 숙종 대에서 영조 초년까지 반복된 환국 가운데서도 가장 극적인 환국이었다. 그런 점에서 신임환국辛壬換局이라고 불러 마땅한 정치 현상이었다.

이렇게 환국이 극단을 향하여 치닫게 된 데는 숙종 임금의 태도가 크게 작용하였다. 숙종 임금은 노론과 소론의 대립 구도에서 자신의 의지를 강하게 개입시켜 여러 차례 환국을 야기하였다. 이이명과 독대를 통해 세자에게 대리청정을 하게 함으로써 돌이킬 수 없는 정치적 파장을 불러일으켰다. 왕위 승계 문제가 노론과 소론 사이 쟁투의 쟁점이 되었다. 그 결과 임금의 역할은 커졌다고 할 수 있으나 역설적으로 왕위는 위태로워졌고, 왕권은 약화될 수밖에 없는 위기를 맞았다.

숙종 말년에 노론과 소론 사이에는 염탐과 고변, 모함과 숙청, 살육 등 이전의 유교 윤리와 행위 규범을 넘어서는 행태가 두드러지게 나타났다. 붕당 사이의 시비를 가리는 처분을 통해 환국을 유도하며 정국을 이끌던 국왕이 이러한 붕당 사이의 싸움을 통제하지 못하게 되자 붕당 사이에서는 상대방에 대한 근본적인 부정과 급격한 정국의 전환이 나타났다. 신임환국은 그 절정에 자리 잡고 있는 것이다.

신임환국이 진행된 경종 연간의 정치 상황은 국왕의 지위를 근본부터 위협하게 되었다. 경종 임금은 이러한 상황을 고칠 의지도 능력도 발휘하지 못하였다. 그 자신이 우유부단하고 나약한 성격인데다가 그를 둘러싼 정치 집단의 판도나 정치 상황이 그렇게 만들었다. 그를 반대하고 제어하려는 노론의 태도는 왕조 국가에서 군주 앞의 정치 집단으로서는 취할 수 없는 것이었다. 세자 시절부터 그를 엄호하고 지원하였던 소론의 존재와 행태 또한 임금으로서 볼 때 바람직하기만 한 것은 아니었다. 우위에서 국정 전반을 통제하고 이끌어가는 임금의 위상을 확보하기 어렵게 만드는 요인이 되었다.

후궁 소생으로서 연잉군이라는 군호를 받은 왕자였다가 왕위 승계자의 지위에 오른 왕세제 역시 그 처지가 불안하였다. 그의 존재

자체가 노론과 소론 사이의 쟁투의 소재였다. 경종 연간 노론과 소론 사이의 쟁투가 극단을 향해 치닫는 상황에서 왕세제는 자신의 뜻과는 상관없이 그 중심에 서지 않을 수 없었다. 언제라도 왕세제라는 자리는 물론 목숨까지도 날아갈 수 있는 위기의 연속이었다. 왕세제가 할 수 있는 일이란 그저 울며 상소를 올려 사양하고 또 사양하는 것, 그 외에는 달리 할 수 있는 일이 없었다. 자신을 왕세제로 밀어올린 노론으로부터 새로 실세를 장악한 소론으로 친밀한 관계의 끈을 바꾸어 매는 데 성공하였다. 그 다음 자신에게 주어진 최소한의 의전 활동 외에는 아무런 정치적 행위를 하지 않았다. 이후 경종 임금이 승하하기까지 왕세제의 위상과 처지에는 별다른 변화가 일어나지 않았다.

왕세제라는 자리는 전례가 없는 것이었다. 그만큼 숙종 임금에서 경종 임금, 그리고 영조 임금으로 이어지는 왕위 승계의 난맥상을 함축하고 있다. 왕세제는 경종 연간 매우 아슬아슬한 정치 상황을 견뎌내야만 하였다. 하지만 왕세제는 그러한 위기를 겪으면서 정치 감각을 키웠고 위기를 극복하는 방법을 터득하였다. 이를 통해 그 위기가 생성되는 구조를 바꿔야겠다는 의지를 품었기에 그 계책까지 마련하려 노력하지 않았을까? 후일 영조 임금의 정치력은 이 시기에 배태되었다고 해도 과언이 아니다. 그리하여 자신이 이를 수립하는 방침인 보합保合의 논리를 내세웠다. 이것이 영조 임금이 내세운 정국 운영 방식, 바로 탕평정치蕩平政治였다.

반듯하지
못함에서 나온
영도력領導力

영조 임금을 한마디로 말할 수 있을까? 만약 한마디로 말한다면 뭐라 해야 할까? 영조 임금의 〈행장行狀〉에서 말한 바와 같이 '대덕大德'일까? 수명을 얻고, 지위를 얻고, 복록을 얻은 큰 덕을 가진 인물일까? 굳이 아니라고 할 것까지는 없다 하더라도, 또 딱히 그렇다고 말하기도 어렵지 않을까? 영조 임금은 지나칠 정도로 오호가 분명하였고, 그러한 성격은 포용력과는 거리가 멀었다고 할 만하다. 영조 임금은 끝내 자신의 그러한 성품을 극복하지 못하였다. 〈행장〉에서 그를 '대덕'이라고 평한 것은 기대를 품고 구사한 반어법이 아니었을까 싶다.

  정치가로서 영조 임금을 한마디로 평하는 말을 꼽는다면 '탕평蕩平군주'라는 말이 될 것이다. 그 자신도 그렇게 자부하였다고 볼 수 있다. 그는 자신의 탕평정치에 대한 의지를 널리 알리기 위하여 1742년영조 18 3월 26일 성균관 반수교泮水橋 옆에 탕평비를 세웠다. '주이불비 내군자지공심 비이불주 식소인지사의周而弗比 乃君子之公心 比而弗周 寔小人之私意' 그리 어렵지 않은 듯하면서도 막상 그 뜻을 정확하게 전달하고자 번역을 하려면 결코 쉽지 않은 문장이다. '주周'는 두루 주, 사람을 가리지 않고 두루 포용한다는 뜻으로 읽힌다. 이에 비하여 '비比'는 견줄 비, 견준다는 말이 얼핏 들어오지 않지만, 비슷한 사람들이 자기들끼리만 가깝게 지내는 모양 정도로 이해하면 얼추 근접하지 않았나 싶다. 군자는 완성된 인격의 소유자, 소인은 아직 인격이 무르익지 못하고 자기의 욕심만을 위하는 자들. 군자는 공공의 이익을 먼저 생각하는 마음을 갖는 데 비해서 소인은 오로지 사사로운 뜻만을 갖고 움직인다는 말이다.

위 비석에 쓰인 글이 전달하고자 하는 취지는 정치를 하는 양반 관료들이 두루두루 서로 포용하고 파를 짓지 말라. 다시 말해서 붕당을 인정하지 않겠다, 오로지 임금인 내게 충성하라는 데 있다. 그런데 과연 영조 임금 자신은 그런 마음으로 그렇게 처신했나? 영조 임금의 탕평정치는 성공하였나? 영조 임금을 한마디로 탕평군주라고 평가하는 것은 타당한가? 여전히 의문은 남는다. 향년 83세, 재위 기간 52년이나 되는 인물을 한마디로 평가한다는 것 자체가 무모한 일이 아닌가? 보통 사람도 그러한데, 하물며 영조 임금 같은 인물이야 더욱 그렇지 아니한가?

영조 임금은 한마디로 규정할 수 없이 복잡하다. 영조 임금은 탕평정치라는 정국 운영의 방향을 제시하고 추진하는 영도자의 면모를 갖고 있다. 반면에 그 자신 출자出自가 반듯하지 못하고, 노론과 소론 기존 두 붕당 모두에게 진 정치적 부채 때문에 압박감을 받고 있었다고 할 수 있다. 이처럼 영조 임금은 기본적으로 서로 배치되는 두 가지 성격 사이에서 이중성을 갖고 있었다. 영조 임금을 이해하고자 한다면 우선 이 이중성을 파악하는 데서 출발해야 하지 않을까 생각한다.

영조 임금의 이중성은 임금으로 활동하는 기간에 형성된 바도 있겠지만, 임금이 되기 이전에 이미 상당 부분 마련되었다고 보아야 할 것이다. 먼저 영조 임금의 반듯하지 못함이란 무엇이며 어디에 기인하는가?

영조 임금은 왕위 승계자로서의 자격과 과정에 약점을 갖고 있었다. 왕조 국가에서 누가 왕위 승계자가 되어 임금이 되는가? 원칙적으로 전 임금의 적장자, 즉 정비 소생의 맏아들이다. 그런데 조선 왕조 27명의 임금들 가운데 적장자로서 왕위를 승계한 임금은 문종, 단종, 인종, 현종, 숙종 다섯밖에 되지 않는다. 적장자 승계는 원칙에 지나지 않았다고 볼 수 있다. 적장자가 후사 없이 죽었을 때는 다음 적자가 왕위를 잇는다. 적자가 없을 때에는 후궁 소생 가운데 순위가 앞선 아들이 왕위를 잇는다. 차서次序를 어기거나 찬탈과 같은 무리한 방법으로 왕위를 차지하였을 때는 두고두고 정치적인 짐이 되며 왕권을 행사하는 데 장애가 된다. 영조 임금은 후궁 소생으로서 생존해 있던 아들들 가운데 둘째였다.

영조 임금은 그 생모의 신분이 미천하였다. 흔히 이야기되는 것처럼 무수리는 아니었다. 하지만 신분으로 보면 천민인 하급 궁녀였다. 영조 임금은 이 사실 때문에 두고두고 자격지심을 씻지 못했다. 그 자격지심으로 때로는 과민한 반응을 보이며 불합리한 행동을 하였다.

왕세자가 아니라 왕세제로서 부왕이 아닌 이복형으로부터 왕위를 이어받았다. 어려서부터 치자治者로서 학문적인 수양과 왕자王者 수업을 충분히 쌓지 못하였다. 왕세제가 되는 과정에서, 또 왕세제가 된 후에 대리청정 논란을 거치면서 노론과 소론 집단에 정치적 빚을 졌다. 이러한 사실은 왕세제 시절 그를 강하게 압박하였다. 왕세제라는 지위만이 아니라 자신의 목숨까지도 위태로울 수 있는 상황에서 여러 차례 그 지위 자체를 사양하는 상소를 올리지 않을 수 없었다.

이러한 반듯하지 못함은 영조 임금을 위축시키는 요인이 될 수 있었다. 하지만 연잉군 시절에서 왕세제 시절 그 극적인 위기 상황을 견뎌내면서 그의 인격과 정치력을 키워갔다. 임금이 된 영조는 이 시기의 경험을 바탕으로 당대의 정치 상황과 구조를 개편하기 위한 방편을 심각하게 고심하게 되었다. 노론과 소론 중 어느 한 편으로 기울지 않고 양측을 조정하고 통제하면서 임금 자신을 중심으로 하는 정치 집단을 형성시켜 이들을 중심으로 정국을 운영하려 하였다. 그러한 영조 임금의 노력은 상당한 성과를 거두었으니, 그것이 바로 탕평정치였다.

영조 임금이 유념하며 계승과 극복의 대상으로 삼았던 임금은 자신에게 왕위를 넘겨준 이복형 경종 임금이 아니라 부왕 숙종 임금이었다고 할 수 있다. 숙종 임금은 조선왕조 어떤 임금 못지않은 반듯한 조건을 갖고 임금이 되었다. 그 또한 재위 기간이 46년이나 되었으며 치적을 꼽아보아도 적지 않았다. 영조 대에 이룩한 치적의 상당 부분은 이미 숙종 대에 그 단초가 마련되었던 것들이다. 하지만 숙종 임금에 대한 오늘날의 평가는 그리 후하지 않다. 환국이 거듭되는 가운데 숙종 임금은 표면적인 역할은 많이 하였으나 이 상황을 조정하며 이끌고 나아가지 못한 채 흔들리는 모습을 보였다. 숙종 임금과 영조 임금은 매우 다르면서 또 닮았다.

영조 임금은 환국이 거듭되는 숙종 연간에 태어나 자랐고, 경종 연간 왕세제라는 불안한 지위에서 노론과 소론 사이의 갈등이 극단적 모습으로 표출된 신임옥사를 겪었다. 영조 임금에게는 부왕 숙종 임금과 그 시대의 모습이 바탕을 이루면서 그 위에 자신의 고유한 색이 덧칠되어 있음을 볼 수 있다. 생모 숙빈 최씨의 사당을 육상묘에서 육상궁으로 격을 높이려 집착했던 일을 비롯하여 자신과 왕실의 영역을 철저히 지키려는 모습은 조선 왕실에 쭉 흘러 내려오는 흐름이다. 영조 임금이 가는 곳마다 게판揭板, 즉 나무판에 글씨를 써서 걸게 한 것은 자격지심이 변형되어 나타난 것이 아닌가 싶다.

이 책은 복잡함을 특성으로 하는 '영조 임금'이라는 인물을 좀 더 깊이 들여다보려는 목적으로 쓰기 시작하였다. 82년이라는 그의 생애 가운데 임금이 되기까지의 앞부분인 30년을 대상으로 잡았고, 한 개인으로서 특성과 당시 상황 속에서 만들어진 요인을 함께 보려 하였다. 하지만 사람을 탐구하는 작업은 그 끝이 어디인지 알 수 없다. 영조 임금이라는 인물은 참 복잡하구나 하는 것을 확인하는 데 그친 것은 아닐까 의문이 든다. 이 책이 아무 의미 없는 작업에 그친 것이 아니길 바란다. 읽는 이들이 영조 임금을 이해하는 데 기초가 되었으면 좋겠다.

1 《영조실록》附錄〈行狀〉
傳曰 大德必得其壽 必得其位 必得其
祿 王庶幾焉

2 《中庸》第十七章
子曰 舜其大孝也與 德為聖人 尊為天
子 富有四海之內 宗廟饗之 子孫保之
故大德 必得其位 必得其祿 必得其名
必得其壽

3 《숙종실록》〈總序〉
○大王諱[昑]字[光叔] 肅宗元孝大王
之子 景宗宣孝大王之弟 母毓祥宮淑
嬪崔氏 肅宗大王二十年甲戌九月十三
日戊寅 誕于昌德宮之寶慶堂 己卯
封延礽君 景宗大王元年辛丑 册封王
世弟 甲辰卽位 丙申昇遐 在位五十二
年 壽八十三

4 오늘날 ‘延礽君’을 흔히 ‘연잉군’으로
읽는다. 그런데 당대에도 과연 ‘연잉
군’으로 읽었는지는 알 수 없다. 다음
자료에는 ‘연성군’으로 나온다. 이에
따르자면 ‘연성군’으로 읽어야 할 것
이다. 이 문제는 좀더 많은 자료를 모
아 따져보아야 할 과제이나, 이 책에
서는 이제까지의 음가를 따라 ‘연잉
군’으로 표기한다.
《천의쇼감언해》규 2114
가라샤대 효종대왕혈맥과 션대왕 골

육이 다만 나와 다믓 연셩군이 이셔
여긔나디아니리라 하오시니

5 《영조실록》英祖大王行狀
謹按 王姓李 諱昑 字光叔 顯宗大王之
孫 肅宗大王第二子也 和敬淑嬪崔氏
以肅宗二十年甲戌九月十三日戊寅 誕
王于昌德宮 前三日紅光亘于東方 白
氣罩其上 是夜宮人夢白龍 飛入寶慶
堂 堂卽王誕降之室也 王生有異質 右
腕累累龍蟠文者九 纔學步 進見肅宗
必斂膝危坐 肅宗不命之退 雖至竟晷
無難色 淑嬪恐王久跪拘攣 為製廣襪
以舒其筋骸 凡書畫之屬 皆不學而能
每遊翰墨 神彩動人目 肅宗嘉 其天成
為詩以寵之 六歲封延礽君 九歲聘郡
守徐宗悌女為達城郡夫人 十九歲出閣
肅宗賜軒名養性 又親為花押與之

6 《고종실록》권 26, 고종 26년(1889)
11월 27일(기사)

7 《고종실록》권 26, 고종 26년(1889)
11월 28일(경오)

8 《고종실록》권 26, 고종 26년(1889)
12월 5일(병자)

9 《세종실록》권 9, 세종 2년(1420)
9월 27일(임진)

10 《태종실록》권 27, 태종 14년(1414)
6월 8일(기유)

11 李聞政《隨聞錄》
孝橋傍有劉敬寬者 為人謹厚 且有識

字 曾以司謁侍先王六七年 而因病退
去者也

其言曰 先大王一日 則夜深後 扶杖周
行於宮闕之內 歷過內人房 獨一內人
房燈燭煒煌 自外暗覷 陳設盛饌 一內
人 拱手跪坐於床下 先大王深怪之 開
其戶 而下詢其故 內人俯伏奏曰 小女
卽中殿侍女 而偏承寵愛之恩矣 明日
卽中殿誕辰 廢處西宮 罪人自處 不御
水刺朝夕之供 乃是饎糆 明日誕辰 誰
進饌羞 小女情理 不勝悵然 設此中殿
所嗜之物 而萬無進獻之路 以進獻樣
陳設於小女房中 欲伸誠悃 上始思之
明日果中殿誕辰也 卽有感悟之意 而
嘉其誠意 遂近之 自是有胎

漸及至六七朔 禧嬪得知之 捉納其內
人 結縛毒打 幾至死境 則置之墻下 以
大甕覆蓋之矣 先大王方依枕 乍睡之
間 忽夢神龍 自地中欲出 不得僅露頭
角 而泣告先大王曰 殿下速活我 先大
王驚悟 而深怪之 入禧嬪之寢房 周觀
之初 無可驗 忽見墻下 有一覆甕 下詢
曰 彼甕何故倒立之 禧嬪以巧辭對曰
空甕本來倒立之也 先大王卽命內侍
使之正立 則其中露出結縛之女人
先大王大驚而看之 則乃向夜所近之內
人 而血流滿身 命在呼吸 急命解縛 先
以藥物灌口 次以米飮注咽食 頃始有
生氣 遂置於正寢挾房 朝夕救護 幸得

蘇甦 而胎亦安矣

先大王自是之後 知禧嬪之惡 遂有疏
斥之心 而頗多向意於中殿及夫崔氏
乃生王子 先大王十分喜幸 下敎崔氏
曰 汝有至誠於中殿 故神明所佑 使我
而近汝 此弄璋之祥 卽中殿之故也 若
非中殿誕辰之故 汝何明燭而設饌 適
見於我過之時乎 今日弄璋之祥 卽中
殿所賜也 崔氏仰對曰 今日下敎 切切
至當 若知弄璋之祥 果由於中殿 則宜
有復位之處分也 上曰 予心亦然矣 遂
有復位之擧 如此異事 滿朝百官 皆所
不知 而我獨知之云云

12 《숙종실록》권 25, 숙종 19년(1693)
4월 26일(기해)

13 《숙종실록》권 27, 숙종 20년(1694)
6월 2일(무술)

14 《숙종실록》권 27, 숙종 20년(1694)
9월 20일(을유)

15 《숙종실록》권 33, 숙종 25년(1699)
10월 23일(정해)

16 《숙종실록》권 39, 숙종 30년(1704)
4월 17일(병술)

17 《숙종실록》권 50, 숙종 37년(1711)
6월 22일(경진)

18 《숙종실록》권 61, 숙종 44년(1718)
3월 9일(무오)

19 《대전회통》권 4, 兵典 五衛

20 《숙종실록》〈總序〉

肅宗大王二十年甲戌九月十三日戊寅
誕降于昌德宮之寶慶堂

21 《숙종실록》 권 33, 숙종 25년(1699)
12月 24日(무자)
○戊子/封王子昑爲延礽君

22 《숙종실록》 권 38, 숙종 29년(1703)
12월 15일(병술)
○上命行延礽君冠禮于瑤華堂

23 《숙종실록》 권 38, 숙종 29년(1703)
11월 18일(기미)

24 《肅宗御製宮闕志》
瑤華堂俱在愼獨齋之南 孝廟丙申所建
《宮闕志》헌종 대
瑤華堂在通和殿西

25 《宮闕志》헌종 대
昌慶宮在昌德宮東 舊壽康宮之基 …
東曰弘化門 內有御溝 橋曰玉川 又其
東曰通化門 北曰集春門 東南曰宣仁門

26 《宮闕志》헌종 대
○肅宗二十九年癸未冬 行延礽君冠禮
于通化門內東月廊[國朝寶鑑]

27 《숙종실록》 권 39, 숙종 30년(1704)
2월 21일(신묘)

28 《숙종실록》 권 39, 숙종 30년(1704)
2월 21일(신묘)
是婚也 侈靡踰度 煩費以萬計

29 《숙종실록》 권 39, 숙종 30년(1704)
2월 21일(신묘)
○延礽君昑 娶進士徐宗悌女

30 《경종실록》 권 2, 경종 즉위년(1720)
11월 28일(신묘)
時存王子 先王嬪崔氏出 妻故郡守徐
宗悌之女

31 《경종실록》 권 6, 경종 2년(1722)
1월 10일(병신)
世弟嬪父故郡守徐宗悌 請依例贈議政
上俱從之

32 《영조실록》 권 1, 영조 즉위년(1724)
9월 22일(임술)
○贈徐宗悌爲右議政達城府院君 官給
祭需 置守墓軍 以王妃父也

33 《영조실록》 권 89, 영조 33년(1757)
3월 12일(계묘)

34 《영조실록》 권 89, 영조 33년(1757)
3월 12일(계묘)

35 《영조실록》 권 127, 영조 52년(1776)
3월 6일(정축)

36 《정조실록》 권 1, 정조 즉위년(1776)
4월 11일(임자)
○壬子 定大行大王山陵 議上陵號曰元
陵 山陵初定弘陵 又審昭寧園局內 議
不合 屢遣大臣禮堂 遍尋諸處 至是有
以舊寧陵爲十全吉地言者 … 命大臣
以下奉審 及復命齊聲仰贊 是日仍召
見大臣備局堂上歷詢 諸臣無異議 乃
定陵議號

37 《영조실록》 권 20, 영조 4년(1728)
11월 16일(임술)

38 《숙종실록》권 39, 숙종 30년(1704)
4월 17일(병술)

39 《숙종실록》권 39, 숙종 30년(1704)
4월 17일(병술)

40 《숙종실록》권 45, 숙종 33년(1707)
8월 29일(무신)

41 《숙종실록》권 45, 숙종 33년(1707)
9월 3일(임자)

42 《숙종실록》권 46, 숙종 34(1708)년
10월 28일(경오)
○上下敎延齡君第宅可合處 令該曹 給
價買給 戶曹以前內乘具㰒㶾等三家合基
垈二千二百六十間 瓦家一百七十七間
價銀三千三百二十五兩 買給之意 啓
稟 傳曰 價銀參酌減磨鍊

43 《숙종실록》권 46, 숙종 34년(1708)
10월 30일(임신)

44 《숙종실록》권 46, 숙종 34년(1708)
12월 20일(임술)

45 《숙종실록》권 50, 숙종 37년(1711)
11월 25일(경술)

46 《숙종실록》권 51, 숙종 38년(1712)
2월 12일(을축)

47 《영조실록》권 9, 영조 2년(1726)
4월 22일(갑신)
彰義宮 卽上潛邸也

48 《영조실록》권 3, 영조 1년(1725)
2월 2일(경오)

49 《영조실록》권 3, 영조 1년(1725)

50 《영조실록》권 73, 영조 27년(1751)
5월 29일(을축)

51 〈御製彰義宮〉장서각 4-4689

52 《영조실록》권 20, 영조 4년(1728)
11월 26일(임신)
○上親製世子行錄 下于政院 其行錄曰
世子諱緈 字聖敬 己亥二月十五日申
時 生于順化坊彰義宮私第 及其妊娠
夢見瑞鳥 集于室 復見金龜焉 卽靖嬪
李氏所誕也 甫數歲 有若成人 行動擧
止 超乎凡兒 辛丑秋承儲入闕也 世子
年纔三歲 故幼沖之年 趁未能同詣闕
中 姑留私第矣 遊戱之中 夢醒之間 頻
呼爺 或仍呼嗚咽者 孝親之心 根於天
性故也 其冬入闕之後 侍於東朝兩殿
也 跪膝正坐 應對如響 三殿奇愛之 甲
辰冬 始封敬義君 乙巳春 進册儲副 年
甫七歲 而及大大庭行禮 正堂受賀 動
容周旋 無不中禮 是本性之然也 豈常
敎所及哉 … 畢講《孝經》殿講于于 予
問孝者何事 對曰 事親盡道爲 孝矣 其
得要旨若此也 於冑筵召對 宮官所達
者 其或差焉 或所陳者 前所講者 則及
夫筵畢 問于左右曰 前後宮官之言 其
何相違 且所陳非《孝經》某章《小學》某
篇所載者耶 其潛心聽焉 常時留意 可
知也 … 丁未春 謁先聖 齒于學 同年
秋九月 行冠禮 又同月 行醮禮 時九歲

而講聲淸朗 動容禮節 儼若成人 … 及
夫臨革 予以顔接顔 呼以知予乎云 則
微微應聲 眼淚沾腮 洞洞孝心 不泯乎
耿耿之中故也 嗚呼 痛矣 戊申十一月
十六日亥時 薨逝于昌慶宮之進修堂
壽甫十歲 居貳極者 纔二年矣 嗚呼 予
以匪德 所恃者惟元良 而性又若此 冀
東方萬年之福矣 何意年纔一旬 至乎
此境 言念宗社 痛又難抑

53 《영조실록》 권 29, 영조 7년(1731)
5월 28일(경인)

54 《영조실록》 권 59, 영조 20년(1744)
3월 9일(정해)

55 《列聖御製》 권 18, 英宗大王 詩

56 《숙종실록》 권 53, 숙종 39년(1713)
4월 13일(경신)

57 《숙종실록》 권 53, 숙종 39년(1713)
4월 11일(무오)

58 《숙종실록》 권 34, 숙종 26년(1700)
1월 17일(신해)

59 《숙종실록》 권 34, 숙종 26년(1700)
1월 17일(신해)

60 《숙종실록》 권 34, 숙종 26년(1700)
1월 17일(신해)

61 《숙종실록》 권 34, 숙종 26년(1700)
1월 17일(신해)

62 《숙종실록》 권 41, 숙종 31년(1705)
2월 14일(무인)

63 《숙종실록》 권 63, 숙종 45년(1719)
1월 26일(기해)

64 《숙종실록》 권 36, 숙종 28년(1702)
5월 25일(병오)

65 《숙종실록》 권 42, 숙종 31년(1705)
6월 22일(갑인)

66 《숙종실록》 권 40, 숙종 30년(1704)
12월 25일(신묘)

67 《숙종실록》 권 65, 숙종 46년(1720)
6월 7일(임인)

○戌時 侍藥廳三入診 上昏沈益甚 …
世子坐御床西 延礽君捧御手 諸臣環
侍 靜以俟之

|2부| 왕세제 시절

1 《영조실록》〈總序〉
景宗大王元年辛丑冊封王世弟 甲辰卽位

2 《영조실록》〈行狀〉
庚子 肅宗昇遐 景宗卽位 違豫久 嗣續
且無望 明年八月正言李廷熽上疏 引
祖宗故典 請豫建儲位 以繫人心 景宗
命大臣議 領議政金昌集左議政李健命
判府事趙泰采及六卿兩司長求對 請告
慈聖 早定大計 景宗命群臣 退俟閤門
外 有頃復召入 宣示慈聖手札 有曰 孝
宗大王血脈 先大王骨肉 只有主上與
延礽君而已 豈有他議乎 諸臣皆涕泣

而退 遂册封王爲王世弟 郡夫人徐氏
爲世弟嬪

3 《숙종실록》권 22, 숙종 16년(1690)
6월 16일(을해)
○乙亥 遣正使右議政金德遠副使禮曺
判書李觀徵 傳授教命册寶 封元子爲
王世子 時年三歲

4 《숙종실록》권 25, 숙종 19년(1693)
10월 6일(병자)
○王子生 卽昭儀崔氏出也

5 《숙종실록》권 60, 숙종 43년(1717)
7월(신미)

6 《숙종실록보궐정오》권 60, 숙종 43
년(1717) 7월 19일(신미)

7 《俟百錄》卷之一
秋七月 上特召左議政李頤命 獨對 有
東宮代理聽政之命 自崔錫鼎罷相 無
以保護 言於上者 上忽荐下嚴敎 責世
子過失 中外惶惑莫測 至是 上引見藥
院諸臣 以唐太宗越次立高宗故事 微
示意旋 御便殿 特召李頤命 屛史官 語
秘不聞 是丁酉獨對也(獨對詳八卷僞
詩獄) 頤命出 而命世子聽政 於是人多
謂 老論爲上 謀易儲 其贊聽政 則將因
是以傾之云

8 《경종실록》권 4, 경종 1년(1721)
8월 20일(무인)

9 《경종실록》권 8, 경종 2년(1722)
6월 15일(무진)

10 《경종실록》권 4, 경종 1년(1721)
8월 21일(기묘)
《경종수정실록》권 2, 경종 1년(1721)
8월 20일(무인)

11 《정종실록》권 3, 정종 2년(1400)
2월 4일(기해)
○己亥 册立弟靖安公[諱] 爲王世子
句當軍國重事

12 《명종실록》권 1, 명종 즉위년(1545)
8월 22일(임자)

13 《경종수정실록》권 2, 경종 1년(1721)
8월 20일(무인)

14 《경종수정실록》권 2, 경종 1년(1721)
8월 21일(기묘)
[史臣曰 始 上在東宮時 李頤命獨對臥
內 人或疑頤命 翼戴延礽君 而惟上已
知頤命之所以獨對矣 及上卽位 領議
政金昌集等請建儲嗣 上欣然立延礽君
爲世弟 若不知獨對之事 未嘗有秋毫
芥滯 非天下之至仁大度 曷若斯乎]

15 《경종실록》권 4, 경종 1년(1721)
8월 21일(기묘);《경종수정실록》권
2, 경종 1년(1721) 8월 21일(기묘)

16 《경종실록》권 4, 경종 1년(1721)
8월 22일(경진)

17 《경종실록》권 4, 경종 1년(1721)
8월 23일(신사)

18 《경종실록》권 4, 경종 1년(1721)
8월 23일(신사)

19 《경종실록》 권 4, 경종 1년(1721)
8월 25일(계미)

20 《경종실록》 권 4, 경종 1년(1721)
8월 30일(무자)

21 《大典會通》 권 1, 吏典 京官職 世子侍
講院

22 《경종실록》 권 4, 경종 1년(1721)
8월 23일(신사)

23 《경종수정실록》 권 2, 경종 1년(1721)
8월 22일(경진)

24 《승정원일기》 28책, 경종 1년(1721)
9월 15일(계묘)

25 《경종실록》 권 4, 경종 1년(1721)
8월 25일(계미)

26 《경종실록》 권 4, 경종 1년(1721)
9월 6일(갑오);《경종수정실록》 권 2,
경종 1년(1721) 9월 6일(갑오)

27 《경종실록》 권 2, 경종 즉위년(1720)
10월 21일(갑인)

28 《숙종실록》 권 65, 숙종 46년(1720)
4월 24일(경신)

29 《승정원일기》 28책, 경종 1년(1721)
9월 13일(신축)

30 《경종실록》 권 4, 경종 1년(1721)
9월 26일(갑인);《경종수정실록》 권
2, 경종 1년(1721) 9월 26일(갑인)
○甲寅 上具冕服 御仁政殿 行王世弟
及嬪册禮 世弟受册 畢 謁孝寧殿

31 《경종수정실록》 권 2, 경종 1년(1721)
9월 27일(을묘)

32 《경종실록》 권 4, 경종 1년(1721)
9월 27일(을묘)
○乙卯 百官以吉服 陳賀于仁政殿庭
上不御殿 王世弟亦詣殿庭 進箋謝 還
御時敏堂 受百官朝賀

33 《경종실록》 권 5, 경종 1년(1721)
10월 10일(정묘);《경종수정실록》 권
2, 경종 1년(1721) 10월 10일(정묘);
《승정원일기》 28책, 경종 1년(1721)
10월 10일(정묘)

34 《경종실록》 권 5, 경종 1년(1721)
10월 12일(기사)

35 《경종실록》 권 5, 경종 1년(1721)
10월 13일(경오);《경종수정실록》 권
2, 경종 1년(1721) 10월 13일(경오)

36 《경종실록》 권 5, 경종 1년(1721)
10월 16일(계유);《경종수정실록》 권
2, 경종 1년(1721) 10월 15일(임신)

37 《경종실록》 권 5, 경종 1년(1721)
10월 17일(갑술)

38 《경종실록》 권 5, 경종 1년(1721)
12월 9일(을축)

39 《경종실록》 권 5, 경종 1년(1721)
12월 22일(무인)

40 《경종실록》 권 5, 경종 1년(1721)
12월 23일(기묘)

41 《경종실록》 권 5, 경종 1년(1721)
12월 23일(기묘)

42 《경종실록》권 5, 경종 1년(1721) 12월 24일(경진)

43 《경종실록》권 5, 경종 1년(1721) 12월 25일(신사)

44 《경종실록》권 5, 경종 1년(1721) 12월 29일(을유)

45 《경종수정실록》권 2, 경종 1년(1721) 12월 22일(무인)

46 《경종실록》권 2, 경종 2(1722) 1월 4일(경인); 6일(임진)

47 《경종실록》권 6, 경종 2년(1722) 3월 26일(신해)

48 《경종실록》권 6, 경종 2년(1722) 3월 27일(임자)
○睦虎龍者上變告 賊有謀弑上者 或以刃以藥 又謀黜 有國以來未有之賊 請急討 以安宗社 又曰 賊有賣東宮 以貽難洗之辱 究賊情雪累名 以安國本

49 《경종수정실록》권 3, 경종 2년(1722) 3월 29일(갑인)

50 《경종수정실록》권 3, 경종 2년(1722) 3월 27일(임자)

51 《경종실록》권 6, 경종 2년(1722) 3월 28일(계축)

52 《경종실록》권 6, 경종 2년(1722) 3월 29일(갑인); 《경종수정실록》권 3, 경종 2년(1722) 3월 29일(갑인)

53 《경종실록》권 6, 경종 2년(1722) 3월 29일(갑인)

54 《경종실록》권 6, 경종 2년(1722) 3월 29일(갑인)

55 《경종실록》권 7, 경종 2년(1722) 4월 13일(정묘)

56 《경종수정실록》권 3, 경종 2년(1722) 4월 18일(임신); 《경종실록》권 7, 경종 2년(1722) 4월 22일(병자); 23일(정축); 30일(갑신); 5월 2일(병술)

57 《辛壬紀年提要》彙考

58 《경종실록》권 9, 경종 2년(1722) 9월 18일(경자)

59 《경종실록》권 8, 경종 2년(1722) 5월 27일(신해)

60 《경종수정실록》권 3, 경종 2년(1722) 10월 27일(기묘)

61 《경종실록》권 9, 경종 2년(1722) 9월 21일(계묘)

62 《경종실록》권 11, 경종 3년(1723) 3월 11일(경인)

홍순민 | 서울대학교 국사학과 및 동 대학원을 졸업하였다. 조선 후기 정치사에 대한 공부를 시작
으로 정치의 중심인 궁궐과 도성 등 역사적 공간을 주로 연구하였다. 이후 그 공간에 사는 사람들의
삶과 문화에까지 관심 영역을 넓히게 되었다. 저서로는 《우리 궁궐 이야기》, 《한양도성, 서울 육백년
을 담다》, 《서울 풍광》, 《조선시대사 1》(공저) 등이 있다. 현재 명지대학교 기록정보과학전문대학원
에서 문화자원을 가르치고 있다.

영조, 임금이 되기까지

초판 1쇄 인쇄일 2017년 2월 20일
초판 1쇄 발행일 2017년 2월 27일

지 은 이 | 홍순민
펴 낸 이 | 김효형
펴 낸 곳 | (주)눌와
등록번호 | 1999.7.26. 제10-1795호
주   소 | 서울시 마포구 월드컵북로16길 51, 2층
전   화 | 02. 3143. 4633
팩   스 | 02. 3143. 4631
페이스북 | www.facebook.com/nulwabook
블 로 그 | blog.naver.com/nulwa
전자우편 | nulwa@naver.com

편   집 | 김한나, 김선미, 김지수
디 자 인 | 이현주
제작진행 | 공간
인   쇄 | We Printing
제   본 | 상지사P&B

ⓒ한국학중앙연구원, 2017
ISBN 978-89-90620-92-7 03910

* 이 도서는 2011년 · 2012년도 한국학중앙연구원 '21세기 장서각 연구사업'에 의해 출간되었습니다.
* 이 책 내용의 전부 또는 일부를 재사용하려면 반드시 저작권자와 눌와 양측의 동의를 받아야 합니다.
* 책값은 뒤표지에 표시되어 있습니다.